神戸カフェ時間

こだわりのお店案内

Kobe
Cafe time

あんぐる 著

Mates-Publishing

Contents

コーヒーの長い歴史と文化をもつ神戸には、
個性的なカフェやコーヒー専門店がたくさんあります。
神戸ならではのカフェめぐりと街あるきを
楽しんでくださいね！

～神戸のコーヒースタンド～

【神戸市その他】

この本の使い方

スイーツ、フード、自家製パンなどのメニューや販売、アルコール、ドリンクやフードのテイクアウト、雑貨などの販売、wifi の有無を表示しています。

sweets / bread / food / alcohol / take out / goods / wi-fi

お店がある場所のエリア名や最寄り駅です。

元町北

niji cafe

ニジカフェ

sweets / bread / food / alcohol / take out / goods /

左上：12 種類のスパイスのベジタブルカレー平日 1200 円、土日祝 1300 円
左下：昔のヨーロッパを意識した店内　上：人気のカウンター席　下：ケーキセット（ドリンク付）1300 円

Access

Information

神戸市中央区下山手通 4-1-19 西阪ビル 2 階
078-392-5680
12：00 ～ 17：00（16：30LO）
水曜休み、月 4 回不定休
テーブル 14 席、カウンター 6 席
全席禁煙
https://www.instagram.com/nijicafe_kobe_motomachi
JR・阪神元町駅東口より鯉川筋を北へ 3 分

22

元町北　niji cafe

ケーキセット2種盛り（ドリンク付）1900円～。3種盛りもOK

季節感を大切にするチーズケーキが人気

コロナ禍でテイクアウト用に作ったチーズケーキが大好評で、店の人気メニューとして定着。定番3種類と月替わり4～5種類で合計7～8種類がスタンバイしています。冬から春はイチゴ、夏は瀬戸内レモン、秋は芋や栗などを使って季節感を意識した彩り豊かなチーズケーキは、2種盛りや3種盛りも可能。おいしいだけでなく、かわいいあしらいも特徴で、毎月のように訪れるファンも多いそうです。「チーズケーキのおいしい店として、愛好家に認知されたらうれしいですね」と福間夫妻。スイーツはすべて、国産小麦、なたね油、喜界島のきび砂糖を使って丁寧に作っています。

フードメニューは週替わりランチのほか、12種のスパイスのベジタブルカレー、クロックムッシュセットなど、多彩に揃っています。体にやさしい素材や調味料を使っていて、内側から元気になれます。

Menu

フェアトレードミルクコーヒー	600 円
ロイヤルミルクティー（H/I）	650 円
カフェラテ（H/I）	650 円
ゆずソーダ	650 円

スコーンセット（ドリンク付）1200 円

平日の12－14時がおすすめ。おひとりさまも気軽にどうぞ

店主
福間潤一さん
かおりさん

23

メニューの一部を紹介しています。

定休日は基本的に定期休日のみの記載で、お盆や年末年始などは含まれていません。

お店の方からのコメントやおすすめポイントです。

※本書のデータは 2024 年 12 月現在のものです。記載している情報や価格は取材時のもので、予告なく変更される場合があります。詳細は各店でご確認ください。

CAFE KESHiPEARL

カフェ ケシパール

sweets / bread / food / alcohol / take out / goods / wi-fi

「同じ場所、同じ空気、同じ時間」にこだわり、一目で店内全体が見渡せる。週末夜の「静カフェ」という特別営業も好評

右上：洋梨のベイクドチーズなど、取材時のラインナップから４種類　**右下：**本棚には自主制作の本も並ぶ　**上：**静かにゆっくりと過ごしたい、落ち着いた雰囲気の空間

チーズケーキとコーヒー、落ち着いた空間を楽しむ

内装やインテリアなど、すべて自分たちの手で作り上げ、夫婦二人で始めて10数年。「ケシパールとしてあり続けること」を大切に、来てくれる人の思い出の場所となるように、変わることなく続けています。

種類豊富なチーズケーキとコーヒーが人気ですが、基本は「時間と空間をともにできるカフェという形式」とオーナーの西山夫妻。人と人が同じ時間と空気を触れ合い、ひとりでも周りの人の存在を心地よく感じられる、日本特有の「ふすまを隔てて同じ時間を過ごす」ような、そんな空間でありたいと話します。現在は同じビルの9階にあるケシパルーフ、徒歩5分ほどのケシパールスタンドの3店舗を運営しています。

いつの間にか種類が増えてしまったというチーズケーキは全150種ほど。すべてナンバーリングしていて、3年に1度くらいしか登場しないケーキもあるそうです。月替わりの定番的なケーキ1種と旬のものなど、全体のバランス＋気まぐれで、常時6～7種をラインナップ。看板メニューの「チーズケーキと珈琲のマリアージュ」は、選んだチーズケーキに相性のよいブラックコーヒーをセレクトしてくれます。チーズケーキとコーヒー、それぞれのおいしさをより一層堪能することができます。

9階のルーフはほぼ同じメニューで金～日曜のみ営業。並んで待つ人が増えたことから、「はなれ」感覚でオープンしました。国道に面したスタンドは明るい空間で、幅広い年齢層のお客さんが訪れるそうです。

9階ケシパルーフ。2階と同じく落ち着いていて、隠れ家っぽい雰囲気も。営業時間はInstagramを確認。@cafekeshipearl

明るく開放的なケシパールスタンド。キャロットケーキやプリン、トーストなども。中央区小野柄通3-2-23 @ keshipearl.stand/

Access

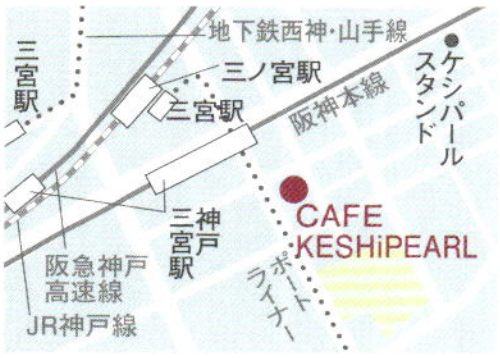

Information

神戸市中央区御幸通6-1-25　ももの木三宮ビル2階
078-203-1396
11：00～19：30（土・日曜は13：30～、金曜は静カフェ17：00～21：00）
休みなし
テーブル16席、カウンター5席
全席禁煙
https://www.cafe-keshipearl.com/

JR三ノ宮駅、阪神・阪急神戸三宮駅より
南東へ3～5分

コーヒーは堀口珈琲の豆を使い、常時8種ほどがラインナップ。チーズケーキとのマリアージュを楽しみたい

4種のチーズを使った定番の「ザ・チーズケーキ」480円。
熱々のコーヒーで溶かすように食べると、おいしさがさらに引き出される

Menu

チーズケーキと珈琲のマリアージュ	1040円～
ドリップ珈琲（シングルオリジン）	660円～
リーフティー	680円～
ハーブブレンドティー	700円

来る前よりも温かく幸せな
気持ちになってほしいです

オーナー
西山達也さん
名都子さん

みつまた喫茶店

みつまたきっさてん

sweets / bread / food / alcohol / take out / goods / wi-fi

左上：紅茶はポットサービス　**左下：**カウンター席だけでなくテーブル席もある　**上：**カラフルな椅子を置きDIY 風を意識したポップな雰囲気の店内　**下：**カスタードプリン 450 円

Access

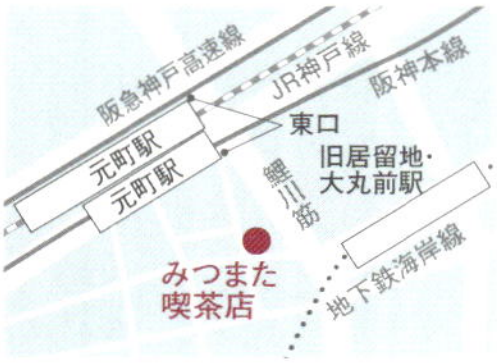

Information

神戸市中央区元町通 1-11-5 三ツ星ビル 4 階
TEL なし
11：00 ～ 22：00
不定休
テーブル 7 席、カウンター 8 席
全席禁煙
https://www.instagram.com/mitsumata.kissaten/

JR・阪神元町駅東口より南へ 2 分

プリンは３つ注文すると、
特注のみつまた台で提供してくれる（50円引き）

みつまたの台にのせたプリンと紅茶を堪能

　ユニークな店名は、プリンを提供するみつまたの台から。台座に3種類のプリンを盛り、写真を撮ってから食べて楽しみたい人と、本格的な紅茶を堪能したい人のためのお店です。「紅茶専門店とプリン専門店を本気でやろうと思って」と、マスターの松村さんがお店をオープンしたのは２０２１年のこと。エレベーターのないビルの４階にありながら、全国から愛好家が訪れるそうです。

　店内では紅茶本来の香りや味を引き出す「神戸式」という淹れ方で提供。中国の全エリアから直接買い付ける紅茶を約50種類味わうことができ、「若い方に本物のおいしさを知ってほしい」と話します。

　また、プリンは低温で蒸して作るタイプで、カスタード、チョコレート、抹茶など常時９種類が揃います。特に変わった素材を使うわけではなく配合を大切に作るのがポイント。３種類選ぶのに悩んでしまいそうです。

Menu

昔ながらのクリームソーダ　850円

妃子笑	3200円
キームン超級Ｉ	2000円
蜜香紅茶天鶴工夫	1600円
金花古樹紅茶	1300円

世界一のお茶を淹れるので、
ぜひ飲みに来てくださいね

マスター
松村康一さん

ひとところカフェ

sweets / bread / food / alcohol / take out / goods / wi-fi

木の温もりを感じる雰囲気抜群の店内は、
一つずつ違う椅子もステキ

Access

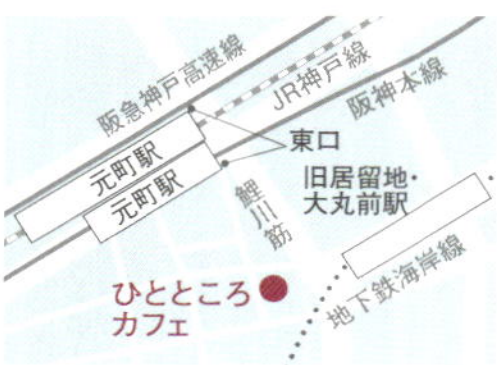

Information

神戸市中央区元町通 1-7-2 ニューもとビル 501
090-4298-1056
11：30 ～ 18：30（土日・祝日は～ 19：00、各 30 分前 LO、フード各 45 分前 LO）
月曜休み（祝日は営業）
テーブル 9 席、カウンター 2 席、ソファー 4 席
全席禁煙
http://hitotocolo.com/

JR・阪神元町駅東口より南へ 2 分

左上：クスクスカレーオールプレート（8種の副菜添え）1880円　**左下：**カップルに人気のソファーベッド席　**上：**パンプキンショコラ870円　**下：**スコーン（あんバタークリーム）590円

私だけのお気に入りにしたいくつろぎの店

「ひとところにみんなが集まる店に」と思いを込めた店名通り、何時間でもゆっくりできそうな居心地のよいカフェです。雑居ビルの5階、一番奥のまた奥という隠れ家感もあって、自分だけのお気に入りにしておきたい魅力があります。

　料理はできるだけ純粋な素材を使って一から手作り。栗カボチャと和三盆糖で作った、一番人気の「パンプキンショコラ」は、マスユバ糖（黒糖）と三温糖を混ぜたカラメルソースをかけると旨みがさらに増します。こちらは、オンラインでも購入可能です。チャイ・ティーは、チャイ専門店の茶葉を使ってミルクで煮出したやさしい味。「良質の材料を使った本当においしいものを楽しんでほしいですね」と店長の詩織さん。食事、デザート、ドリンクを満喫できる平日限定の「ひとところカフェコース」や「カジュアルコース」は、お得に利用できておすすめです。

Menu

チャイ・ティー　630円

蜂蜜ブラウンシュガー漬け自家製レモネード（H/I）	820円
お米と豆腐グラタンの定食	1680円
ベイリーズエスプレッソ 1074	1180円
カフェラテ	660円

みつけづらい場所かもしれませんが、ぜひお越しください

店長
詩織さん

Rond sucré cafe

ロン シュクレ カフェ

sweets / bread / food / alcohol / take out / goods / wi-fi

左上：センスのよいインテリアにも心ときめく　**左下：**入口で注文して、座席で待つスタイル　**上：**テーブル席は２人掛け　**下：**クレームブリュレジェラートのせ 780円

Access

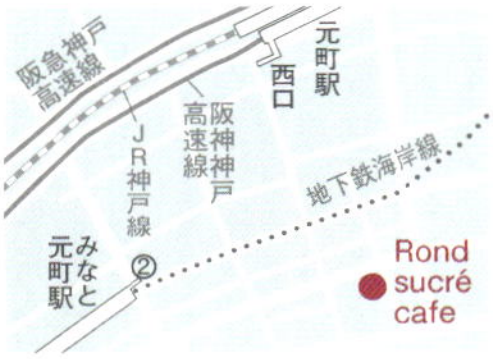

Information

神戸市中央区海岸通 2-4-15
TEL なし
8：00 〜 18：00
火曜休み
テーブル 12 席、カウンター４席、スタンディングカウンター４席
全席禁煙
https://www.instagram.com/rond_sucre_cafe/

JR・阪神元町駅西口より南へ５分、地下鉄海岸線みなと元町駅２番出口より南東へ５分

エスプレッソたっぷりの
ロンシュクレアフォガード 780円

パリの街角にあるようなオシャレなカフェ

オシャレなカフェや雑貨店が建ち並ぶ乙仲通にある「パリの街角にある小さなカフェ」をコンセプトにしたお店。店名の「ロンシュクレ」はフランス語で「丸くて甘い」という意味で、同名のスイーツはころんとした形がかわいらしいと人気です。焼きたてはサクサクふわふわ、時間が経つとふわふわしっとり食感が特徴で、ショコラ・キャラメル・ジェラートのせ・アフォガードの4種類がラインナップ。アフォガードはロンシュクレにトッピングしたバニラのジェラートにエスプレッソをたっぷりと。エスプレッソのほろ苦さと、ロンシュクレやジェラートの甘さを心ゆくまで味わってみてください。

「カジュアルだけど、非日常を感じられる場所になれたら」とオーナー。窓際のカウンター席に座って外を眺めながらゆっくりとした時間を満喫するひとときは、よい気分転換になるでしょう。

Menu

ロンシュクレラテ（H/I）720円

カフェアメリカーノ（H/I）	550円
エスプレッソ（H）	500円
キャラメルブリュレラテ（H/I）	680円
ハニーレモネード（H/I）	650円

遠方からわざわざ足を運んでくださる観光客の方も

オーナー

SLOTH COFFEE

スロース コーヒー

sweets / bread / food / alcohol / take out / goods / wi-fi

左上：ヘーゼルナッツなどで仕立てるスローラテ 650円　**左下：**エスプレッソにもドリップにも対応 **上：**ゆったりとした空気が漂うゆるやかな空間　**下：**自家焙煎コーヒー豆も販売

Access

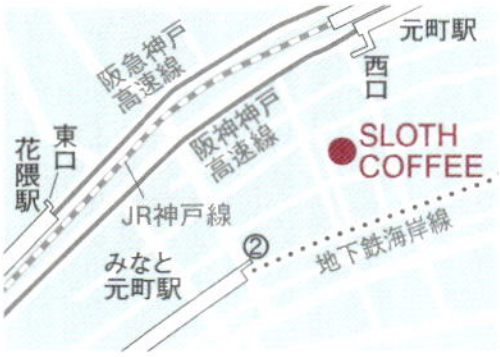

Information

神戸市中央区元町通 3-3-5
TEL なし
11：00 ～ 19：00（18：30LO）
不定休
テーブル 15 席
全席禁煙
https://www.instagram.com/slothcoffee_roasters

JR・阪神元町駅西口より南西へ 3 分、
地下鉄海岸線みなと元町駅 2 番出口より北東へ 3 分

人気No.1のカヌレ380円と、
果汁たっぷりのレモンケーキ650円

なまけもの気分で至福のコーヒータイム

SLOTH（なまけもの）の名の通り、ゆっくりとした時間を過ごしてほしいとの思いで営むカフェ。神戸店は大阪の中崎町店に続いて2店舗目で、自家焙煎のドリップコーヒーをメインに提供します。オーナーは、エチオピアのコーヒー豆「ALO Berry（アロベリー）」を課題豆にした焙煎大会で全国2位に輝くほどの腕前。豆本来のおいしさを引き出しつつ、自宅でも気軽に再現できるようにと焙煎しています。

自家製スイーツは、シーズンごとに10種類ほどをラインナップ。外カリカリ中もちもちのカヌレをはじめ、サクサクしっとりのエッグスコーンやレモンの風味豊かなケーキなど多彩な味わいを揃えています。

「どなたでも飲みやすいコーヒーを目指しています」と、スタッフの和田さん。おいしいコーヒーと食感にこだわったスイーツで、なまけものの時間を楽しみたいお店です。

Menu

焼菓子 420円〜

アメリカーノ	600円
カフェラテ	620円
クリームミルクティ	650円
エッグスコーン	450円

季節ごとのスイーツも
楽しみにしてください！

スタッフ
和田さん

blank パンとコーヒーとワイン

ブランク

sweets / bread / food / alcohol / take out / goods / wi-fi

大きな窓が一面に広がり、朝の気持ちよい日差しのなかで、ゆったりとモーニングが楽しめる

右上：ベーカリーバカンスの食パンで作るクロックムッシュ（ドリンク付）1500円
右下：広々とした店内　**上：**人気 2店舗のいろいろなパンを味わえるパンバイキング

日常の忙しさから離れて ゆったり過ごす「余白の時間」

自社農園の国産小麦を使って作る、ハードパンに特化した「ベーカリーバカンス」とクロワッサン専門の「ル・クロワッサン・ド・バカンス」。人気店「バカンス」のパンを家でおいしく食べるには?の声にこたえてこのお店をオープンしました。

モーニングは、カレー、クロックムッシュ、サンドイッチの3種類。しっかり食べて、元気よく一日をスタートできます。8時から10時までなので、休日の朝に贅沢な時間を過ごすのもおすすめ。11時からはランチタイムで、バカンス2店舗のパンバイキング＋神戸野菜のフレッシュサラダに、かぼちゃのポタージュや自家製ニョッキなどの料理を3種類からセレクトして楽しめます。

最初に登場したモーニングメニューがカレー。「スパイスで朝から元気に!」と、コリアンダーやクミンなどベーシックなラインで調合したスパイスは、刺激的ではなくさっぱりとした風味です。淡路玉ねぎとスパイスで漬け込んだチキンカレーとほうれん草のカレーを、半熟卵のアチャールや紫キャベツのマリネなどの副菜がさらに引き立てます。朝のやさしい日差しとオープンキッチンから漂うスパイスの香りで、料理が並ぶまでの時間にも癒されます。

パンと楽しむコーヒーは、山梨のAKITO COFFEEから、ワインはお気に入りを探すようにいろいろとセレクト。ワインに合うアラカルトメニューも揃います。「日常の余白」を意味する店名の通り、余白=ゆとりを楽しむ心地よいひとときです。

同じビルの1階にある「ル・クロワッサン・ド・バカンス」。種類豊富なクロワッサンが並ぶ

2017年にオープンした1号店の「ベーカリーバカンス」。JR三ノ宮駅から東へ7分ほど。中央区旭通3-4-15　@bakery_vacances

Access

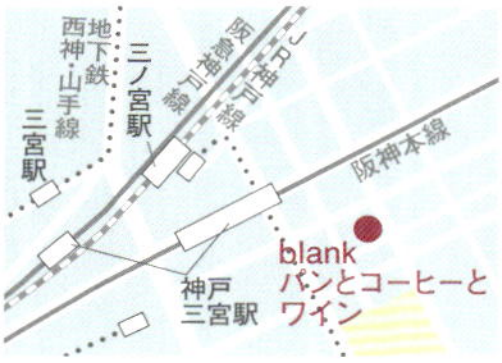

Information

神戸市中央区御幸通5-2-2　3階
080-3438-4417
8:00～17:00（モーニング～10:00LO、
ランチ11:00～14:00LO、カフェ14:00～17:00LO）
不定休
テーブル16席、カウンター6席
https://www.instagram.com/blank_breadcoffeewine/

JR三ノ宮駅、阪神・阪急神戸三宮駅より南西へ5～10分

外はパリッ、中はもちっとした、ベーカリーバカンスの「バカンス」。国産小麦の豊かな香りと独特の食感が人気の秘訣

カレー２種＋副菜のカレープレート（ドリンク付）1600円。パンはトーストした「バカンス」。カレーをのせて食べてもおいしい

Menu

ハンドドリップコーヒー	600円
和紅茶　くらさわ	650円
ワイン各種	940円〜
パン盛り合わせ	450円

焼きたてのパンとコーヒー、ワインで、ゆとりの時間を！

店長
中川実香さん

niji cafe

ニジカフェ

sweets / bread / food / alcohol / take out / goods / wi fi

左上：12 種類のスパイスのベジタブルカレー平日 1200 円、土日祝 1300 円　**左下：**昔のヨーロッパを意識した店内　**上：**人気のカウンター席　**下：**ケーキセット（ドリンク付）1300 円

Access

Information

神戸市中央区下山手通 4-1-19 西阪ビル 2 階
078-392-5680
12：00 ～ 17：00（16：30LO）
水曜休み、月 4 回不定休
テーブル 14 席、カウンター 6 席
全席禁煙
https://www.instagram.com/nijicafe_kobe_motomachi

JR・阪神元町駅東口より鯉川筋を北へ 3 分

ケーキセット２種盛り（ドリンク付）1900円～。
３種盛りもOK

季節感を大切にするチーズケーキが人気

コロナ禍でテイクアウト用に作ったチーズケーキが大好評で、店の人気メニューとして定着。定番3種類と月替わり4～5種類で合計7～8種類がスタンバイしています。冬から春はイチゴ、夏は瀬戸内レモン、秋は芋や栗などを使って季節感を意識した彩り豊かなチーズケーキは、2種盛りや3種盛りも可能。おいしいだけでなく、かわいいあしらいも特徴で、毎月のように訪れるファンも多いそうです。「チーズケーキのおいしい店として、愛好家に認知されたらうれしいですね」と福間夫妻。スイーツはすべて、国産小麦、なたね油、喜界島のきび砂糖を使って丁寧に作っています。

フードメニューは週替わりランチのほか、12種のスパイスのベジタブルトマトカレー、クロックムッシュセットなど、多彩に揃っています。体にやさしい素材や調味料を使っていて、内側から元気になれます。

Menu

スコーンセット（ドリンク付）1200円

フェアトレードミルクコーヒー	600円
ロイヤルミルクティー（H/I）	650円
カフェラテ（H/I）	650円
ゆずソーダ	650円

平日の12～14時がおすすめ。
おひとりさまも気軽にどうぞ

店主
福間潤一さん
かおりさん

DORSIA

ドーシア

sweets / bread / food / alcohol / take out / goods / wi-fi

セリナブルーが印象的な店内

Access

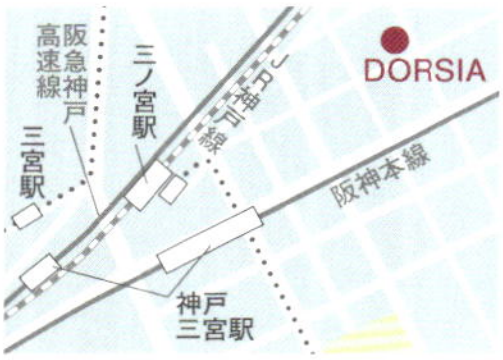

Information

神戸市中央区旭通 3-1-29
TEL なし
8：00 ～ 21：00
休みなし
テーブル 18 席
全席禁煙
https://www.instagram.com/dorsia_kobe/

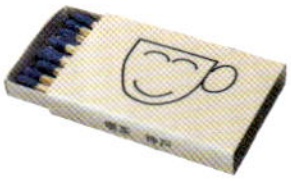

JR 三ノ宮駅、阪神・阪急神戸三宮駅、地下鉄三宮駅より東へ 8 分

左上：鉄板ナポリタンは薄焼き卵付き　**左下：**セリナクリームソーダ（青）　**上：**モーニングセット（クロックムッシュ）　**下：**ハンドドリップで丁寧に淹れるコーヒー

レトロなのに新しい！　居心地のいい令和時代の喫茶店

昭和のレトロ感と現代的な居心地のよさが同居した店内には、昔懐かしいゲームのテーブルもあり、老舗さながらの雰囲気。かつて花隈にあった喫茶「セリナ」の常連客だったオーナーが「セリナ」の閉業を耳にし、店内の家具を譲り受けてこの地で開業しました。元理容店だった建物のノスタルジックなアーチ窓も、レトロな世界観に一役買っています。ペーパーナプキンやカップに描かれているロゴは、オーナーの先輩でもあるアーティストの平山昌尚氏によるもの。店内でグッズを購入することもできます。

　メニューは喫茶らしいラインナップで、パンケーキではなく〝ホットケーキ〟なのも、昔ながらの喫茶店の雰囲気が漂うポイントです。クロックムッシュやホットドッグなどが選べるモーニングセットも人気。レトロ感ある店内で映えるクリームソーダやプリンもおすすめです。

Menu

セリナクリームソーダ（青）	800円
自家製プリン	550円
ナポリタン	950円
モーニングセット	700円～

レトロなビジュアルがかわいいクリームソーダとプリン

窓から光が射し込むモーニングの時間もおすすめです

オーナー
福田竜馬さん

モトマチ喫茶

モトマチきっさ

sweets / bread / food / alcohol / take out / goods / wi-fi

左上：ピーナツバタートースト 380 円　**左下：**座席は２名掛けのテーブル席とカウンター席がある　**上：**レトロな雰囲気たっぷりの店内　**下：**ブレンドコーヒー 580 円

Access

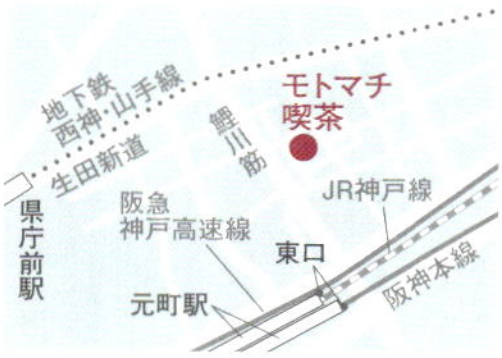

Information

神戸市中央区北長狭通 3-9-7
078-778-0727
12：00 ～ 18：30（18：00LO）
月曜休み　※不定休あり、Instagram で要確認
テーブル 11 席、カウンター 6 席
全席禁煙
https://www.instagram.com/motomachikissa/

JR・阪神元町駅東口より北へ 3 分

まずは固めのプリンとクリームソーダの定番メニューを堪能したい

地元客にも愛される神戸の人気喫茶店

ＪＲ・阪神元町駅東口から歩いて３分ほど、大通りから１本入った路地にあるカフェ。もともと喫茶店兼スナックだった物件ということもあり、レンガ造りの外壁や照明など前のお店から引き継いだものも多く、どこかノスタルジックな趣を感じるレトロな空間が魅力的です。

コーヒーは、オープン当初から神戸元町にある「グリーンズ」の深煎り豆を使用。苦みを抑えたすっきりとした味わいで、ブラックでも飲みやすいコーヒーです。レトロ喫茶らしい自家製プリンとクリームソーダもラインナップ。卵の味がしっかりと感じられる濃厚な風味に、ほろ苦く焦がしたキャラメルソースが絡みあったプリンは、お客さんのほとんどが注文する名物メニューです。いつもたくさんの人たちで賑わう神戸で、地元の人たちにも人気の喫茶店。心をほっと落ち着かせる、静かなひとときが過ごせます。

Menu

クリームソーダ 680 円

ブレンド（H/I）	580 円
カフェオレ（H/）	580 円
ウィンナーコーヒー（H）	620 円
紅茶（H/I）	600 円～

自家製プリンは小ぶりなので、おかわりする方も

オーナー 米本さん

Cafe de Agenda

カフェ デ アゲンダ

sweets / bread / food / alcohol / take out / goods / wi-fi

左上：紅玉りんごを使ったタルトタタン 1250 円　**左下：**おとぎ話の世界に迷い込んだような雰囲気　**上：**人気店のため行列覚悟で訪れて　**下：**ソースアートはプラス 100 円で追加可能

Access

Information

神戸市中央区栄町通 3-2-8 松尾ビル 2 階
078-325-1025
12：00 ～ 18：00
不定休　※ SNS で随時お知らせ
テーブル 20 席
全席禁煙
https://www.instagram.com/cafedeagenda/

阪急花隈駅東口より南東へ 8 分、JR・阪神元町駅西口より南西へ 6 分、地下鉄海岸線みなと元町駅 2 番出口より南東へ 2 分

ケーキは季節ごとに変化。
こちらはパンプキンチョコタルト
オンザプリン 1350円

ひと目で夢中になる“ソースアート”の華やかケーキ

レトロビルの細い階段を上がりドキドキしながら小さな扉を開けると、そこに広がるのはガーリーな空間。さまざまな色の壁紙やヴィンテージ感たっぷりのチェア、キッチュな飾りや照明が並ぶ店内で、まるで絵本に登場するような、かわいらしいデザインのスイーツがいただけます。

ケーキは、季節に合わせて10種類以上をラインナップ。すべて自家製で、ショートケーキやタルトタタン、ミルクレープなどバラエティ豊かでボリュームも満点です。ソースを華やかにアレンジした「ソースアート」が添えられたケーキは、写真を撮らずにはいられない艶やかさ。「テーブルにお届けしたときに、わ〜！と喜んでいただけることが何よりうれしい」とスタッフの東末さんは微笑みます。ちなみに「Agenda」という店名は、かつてランチで天ぷらを提供していたことに由来するとか。ケーキにも店名にも遊び心たっぷりです。

Menu

シャインマスカットソーダ 800円

ブレンドコーヒー	600円
クリームブリュレラテ	700円
キャラメルシフォンケーキ	850円
エアリースフレタルト	990円

フルーツたっぷりの
華やかケーキが自慢です♪

スタッフ
東末さん

cafe&bar anthem

カフェ＆バー　アンセム

sweets / bread / food / alcohol / take out / goods / wi-fi

中央に置かれた大きなテーブルが印象的で、どこを切り取っても絵になる空間。昼と夜でまったく雰囲気が異なる

右上：カウンター席もあるので、ひとりでゆっくりできる　**右下：**クロックムッシュプレート 1300円、カフェラテ 650円　**上：**窓際の各テーブル席もあしらいがステキ

どの時間帯にも楽しめる非日常感が最大の魅力

「異国に来たような雰囲気」のコンセプト通り、一歩店内に入ると街の喧騒とはかけ離れた非日常感がある居心地のよい空間が広がります。家具や小物など、調度品の一つひとつが選び抜かれたもので、どこをとっても外国のカフェのよう。この雰囲気を求めて、近隣だけでなく、外国からも多くのお客さんが訪れます。

　朝から夜まで休みなく開いているので、開店から11時半まではブランチ、15時まではランチ、17時から20時半まではディナー、その間はカフェタイムと、どの時間帯でも利用できるのも魅力です。「夜開いているお店が少ないので、夜カフェとして利用するお客さんが多いですね」と、オーナーの大田さん。

店内で作るケーキは、開店以来、不動の人気を誇る「レアチーズケーキ」のほか、季節替わりのフルーツを使ったタルトなど、常時5種類がスタンバイしています。

5階の「OTA COFFEE」は、大田さんの名前を冠にしているように、オーナー自らおいしいコーヒーを淹れて、お客さんにゆっくり過ごしてほしいと2024年1月にオープン。「知らない人が多いんですよ。隠れ家的な感じ」と笑いますが、まさに大田さんの隠れ家そのもの。「アンセム」とはまったく異なるスタイリッシュな空間に仕上がっています。こちらではスイーツの提供はなく、コーヒーとアイスコーヒーのみ。コーヒースタンドのように、カウンター越しで大田さんとの会話を楽しむお客さんも多いそうです。

カウンター10席のみの大人の空間「OTA COFFEE」

5階の「OTA COFFEE」は週3～4回13：00～18：00オープン。営業日はInstagramで確認。@ota.coffee

Access

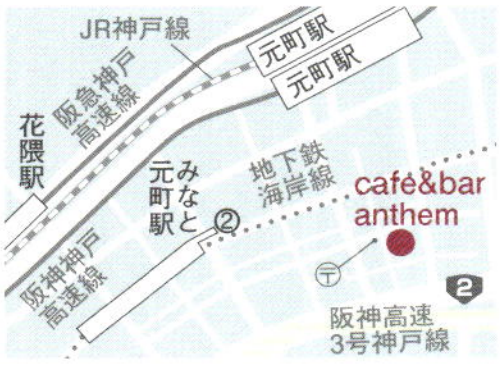

Information

神戸市中央区海岸通2-3-7 グランディア海岸通4階
078-771-4914
10：00～22：00（21：30LO）
ランチ11：30～15：00、ディナー17：00～20：30
休みなし
テーブル20席、カウンター5席　全席禁煙
https://www.instagram.com/cafeandbaranthem/

JR・阪神元町駅東口より南へ6分、地下鉄海岸線みなと元町駅2番出口より南東へ5分

エチオピア イルガチェフェ 中煎り 700円。コーヒーには自家焙煎コーヒー工房「蕪木」の自家製チョコレートが付く

軽井沢にあるアトリエフロマージュのチーズを使った
「レアチーズケーキ」600円

Menu

コーヒー	600円
キッシュランチ	1300円
パスタランチ	1450円
ディナーセット	2000円

どの時間でも利用しやすいので、お立ち寄りください

オーナー
大田誠さん

Gâteaux Favoris

ガトー・ファヴォリ

sweets / bread / food / alcohol / take out / goods / wi-fi

左上：ショーケースに並ぶタルト。本日のタルト５～６種類は店内の黒板で案内　**左下：**お菓子３つともタルトを選んでもOK　**上：**静かで落ち着ける店内　**下：**焼菓子の種類も豊富

Access

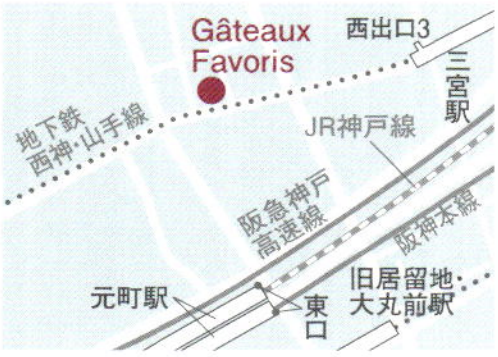

Information

神戸市中央区下山手通 3-13-19　２階
078-599-9208
12：00 ～ 19：00（17：30 ＬＯ）
月・火・水曜休み
テーブル８席、カウンター４席
全席禁煙
https://gateauxfavoris.com/

JR・阪神元町駅東口より北へ６分、
地下鉄三宮駅西出口３より西へ５分

「お茶とお菓子のセット」1550円～。
ドリンクと好きなお菓子を３種類選ぶ

丁寧に作られたお菓子とお茶を楽しむひととき

栄町で10年ほど営んだあと、現在地に移転。広くなった店内で、当初から変わらずオーガニック素材を使ったお菓子を作っています。タルトとプリンはオープン当初からあり、固めでなめらかなプリンは卵感たっぷり。季節によって変わるタルトは、固すぎず柔らかすぎず、さっくりとした食感の生地とアーモンドプードル入りのクリームが特徴です。フルーツのタルトは、中に果肉とオレンジピールが入り、果肉と同じフルーツをスライスしてトッピング。甘みが強くて親しみやすい味のバスクチーズケーキも人気です。

基本はお菓子を3つ選ぶセットで、好みの組み合わせができます。ドリンクはロンネフェルトや芦屋・ウーフの紅茶がおすすめで、ポットサービスでたっぷり3杯ほど味わえます。シンプルなインテリアの店内は温かみが感じられ、お菓子とお茶を楽しみながらゆっくりできます。

Menu

サブレやメレンゲなど焼菓子各種

紅茶	750円～
オリジナルブレンド	630円
タルト	350円～
	（イートインは500円）

お菓子とお茶をゆっくりと
楽しんでください

オーナー
平崎直子さん

LIMA COFFEE

リマ コーヒー

sweets / bread / food / alcohol / take out / goods / wi-fi

かつて銀行だった建物をリノベーション。
手前はコーヒースタンド、奥はゆったりとしたカフェスペースに

Access

Information

神戸市中央区栄町通 3-2-6 1 階
078-335-6308
9：00 ～ 18：00
水曜休み
テーブル 12 席、カウンター 5 席
全席禁煙
http://limacoffee.jp/

阪急花隈駅東口より南東へ 8 分、JR・阪神元町駅西口より南西へ 6 分、
地下鉄海岸線みなと元町駅 2 番出口より南東へ 2 分

左上：テイクアウト利用も多い　**左下：**雑味が出にくいサイフォン抽出　**上：**ブルーベリーのフレンチトースト 1000 円　**下：**入ってすぐのスペースにオリジナルグッズがずらり

自家焙煎のコーヒー豆をサイフォン抽出で

サイフォンで抽出する深煎りコーヒーが自慢のカフェ。小さなコーヒースタンドからスタートし、現在まで10年以上神戸で愛されている名店です。香りや甘み、コクなどにこだわって選んだ豆は、自家焙煎で理想の風味へ。香り高く雑味もないと評判のオリジナル「リマブレンド」をはじめ、複数種類のシングルオリジンも並びます。

スイーツ類も一つひとつ手がかかっていて、ドイツで修行したマイスターが焼き上げるバウムクーヘンや、鳥取で収穫したブルーベリーで作るフレンチトーストなど、気になるものがずらり。いずれもコーヒーとの相性がよく、元町散策の〝ちょっとひと息〟にもぴったりです。

外国のローカルなコーヒーショップに来たような、スタイリッシュな雰囲気も◎。毎日飲みたい！と思えるコーヒーと魅力的なスイーツを、すてきな店内で味わって。

Menu

サイフォン リマブレンド 500 円

アメリカーノ ホットコーヒー	500 円
エスプレッソ ラテ	550 円
バウムクーヘン	600 円
カヌレ	400 円

厳選した豆で淹れるコーヒーを、お召し上がりください！

店長
手島隆行さん

-cafe+curry- Rajkumari

カフェ＋カレー　ラジクマリ

sweets / bread / food / alcohol / take out / goods / wi-fi

左上：半個室のテーブル席もある　**左下：**レテフロマージュ600円、自家製ラッシー350円　**上：**チーズドームキーマバターチキン添え1500円　**下：**テリーヌショコラ（クラシック）550円

Access

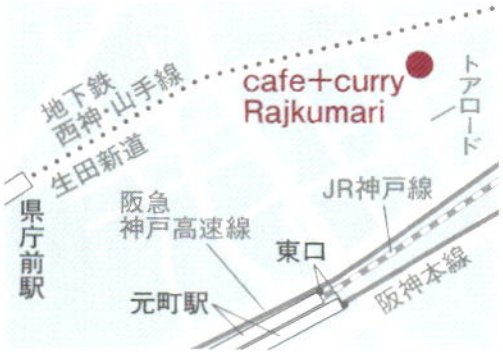

Information

神戸市中央区下山手通 2-5-6 中央ビル 2 階
TEL なし
11：30 ～ 18：00（17：30LO）
※土曜は「あさカフェ」9：00 ～ 11：30（11：00LO）
休みなし
テーブル 16 席　全席禁煙
https://www.instagram.com/cafe_rajkumari/?hl=ja

JR・阪神元町駅東口よりトアロードを北へ 5 分

フルーツが季節ごとに変わる限定メニュー
「門出をいろどるプリンパフェ」1200円

パティシエの得意分野を生かしたメニューに注目

カレー専門店「ラージクマール」の姉妹店として2022年にオープン。看板メニューは、カレーだけでなく、テリーヌショコラ、プリン、チーズケーキと多彩に揃います。3名のパティシエが、日々試作と研究を続けながら、専門性を持って自分の思いを込められるスイーツを作っています。

人気のカレーは「チーズドームキーマバターチキン添え」。自家製チーズソースをかけたキーマカレーの周りにバターチキンカレーを盛った二種カレーです。やさしい味わいの固めプリン「あやプリン」をベースにしたプリンパフェは、季節ごとの限定メニューがおすすめ。テリーヌチョコラとチーズケーキも季節メニューがあるので、内容が変わるたびに訪れるお客さんも多いそうです。

土曜はスタッフの文香さんが仕切る「あさカフェ」をオープン。サラダやデリメニューが添えられた「あさのプレート」も気になります。

Menu

カフェオレ（H/I）550円

レテフロマージュ	600円
あやプリン	550円
国産白桃ジュース	500円
岡山シャインマスカットのビネガードリンク	600円

平日のオープン直後が
利用しやすいですよ

スタッフ
まりあんぬさん

petit grenier

プティ グルニエ

sweets / bread / food / alcohol / take out / goods / wi-fi

左上：オートミールの自家製クッキー1枚130円〜 **左下：**バスク風チーズケーキ600円　**上：**店内の書籍は自由に読める　**下：**座席は全10席。2名掛けのテーブル席とカウンター席

Access

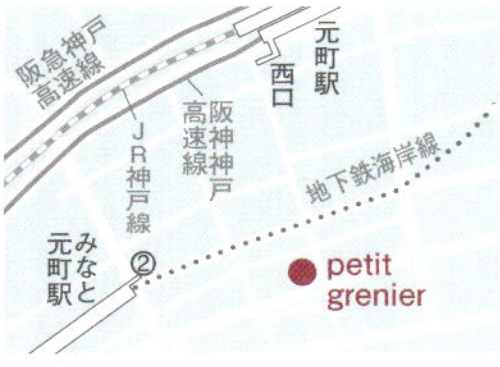

Information

神戸市中央区栄町通3-1-18 三浦ビル3階
078-585-8337
12：00〜21：00（20：00LO）、土日・祝日〜18：00（17：30LO）
火曜休み、不定休
テーブル6席、カウンター4席
全席禁煙
https://www.instagram.com/petit_grenier/

JR・阪神元町駅西口より南へ5分、地下鉄海岸線みなと元町駅2番出口より南東へ3分

自家製ハムのクロックマダム
（スープまたはドリンク付）1600円〜

ビルの３階にある隠れ家的な「静カフェ」

元看護師のオーナー・岩切さんが「忙しい人たちの心と体を癒せる場所を作れたら」と２０１９年にオープンしたカフェ。店名のプティグルニエは、フランス語で「小さな屋根裏部屋」という意味で、ビルの３階にある隠れ家のようなお店です。

メニューには、薬膳の知識をもつ岩切さんが作る心と体が喜ぶ料理やスイーツがラインナップ。フランス産の塩や有機きび砂糖など、使用する調味料にもこだわっています。定番の黒糖プリンはミネラル摂取を考えて黒糖を使い、コクのあるプリンに。旬の野菜を取り入れたサラダ付きのクロックマダムには、じっくり焼き上げた自家製ハムをトッピングしています。お客さんの９割はおひとりさまで、本を片手にカフェタイムを満喫する人も。週２回は夜食堂としても営業しているので、仕事帰りに晩ごはんを食べに訪れるのもおすすめです。

Menu

黒糖プリン 500円

コーヒー（H/I）	600円〜
カフェオレ（H/I）	700円〜
チャイ（H/I）	750円〜
紅茶（H/I）	700円〜

静かにゆっくり過ごせる
カフェをお探しの方はぜひ！

オーナー
岩切さん

ニカイノフランク

sweets / bread / food / alcohol / take out / goods / wi-fi

大きな鏡が印象的なイタリアンクラシックを意識した西欧風の店内。カウンター席とテーブル席がある

右上：全11席＋スタンディングカウンターを備える店内　**右下：**コンベルサシオンマロン600円、ドリップコーヒー650円～
上：存在感あるレコードプレーヤー

自家焙煎コーヒーと焼菓子で至福の時間を

「COFFEE STAND FRANK/COFFEE LABO FRANK」として2013年にオープン。その後、今のビルの3階へ引越し、2階に移転した2022年に「ニカイノフランク」という印象的な店名に改めました。

3階がLABOになり、併設するカフェとしての位置づけですが、ドリップコーヒーからエスプレッソ、アレンジコーヒーまで、コーヒーはバリエーション豊富に取り揃えています。また、コーヒーカクテルだけでなく、クラフトビールやナチュラルワインといった厳選のアルコールが楽しめるのも特長です。

ドリップコーヒーは、ブレンドほか常時18種類から選ぶことができるのも専門店ならではです。

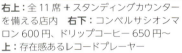

3階のLABOは、バリスタやスイーツ専門スタッフが常駐するコーヒー豆や焼菓子の販売所で、抽出・道具に関する「よろず相談所」。土日・祝日にオープンしているので、コーヒー豆や焼菓子をゆっくり選び、いろいろ相談しながら買うことができます。

スイーツ担当のスタッフが「できるだけ国産の素材を使ってヨーロッパの伝統的な焼菓子をメインに作っています」と話すように、シンプルな材料と作り方を大切にしています。2階で食べておいしかったからと3階まで上がって行く人も多く、「お客さんがおいしいコーヒーやお菓子で喜んでいる顔を見るのがうれしい」と、店長の篠原さん。平日の午前中か、土・日曜限らずディナータイムが狙い時です。

3階では、季節商品も含め常時20種類ほどのスイーツを揃える

3階の「COFFEE LABO FRANK」は土日・祝日13:00〜17:00オープン。@coffeelabofrank

Access

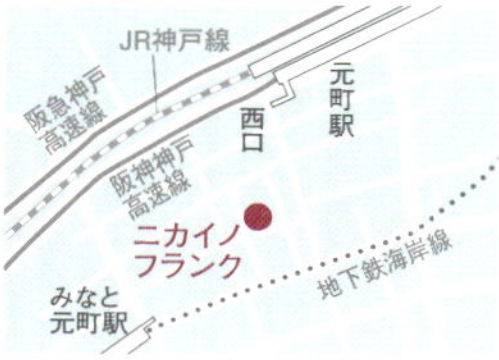

Information

神戸市中央区元町通3-3-2 今川ビルディング2階
TELなし
10：00〜23：00（金・土曜は〜24：00、LOは各30分前）
休みなし
テーブル6席、カウンター5席
全席禁煙
https://frank-company.jp/brand/nikai-no-frank/

JR・阪神元町駅西口より南へ3分、
地下鉄海岸線みなと元町駅2番出口より北東へ3分

エスプレッソコーヒーを使ったカクテル「カカオアレキサンダー」1050円。コーヒーカクテルは全5種類がスタンバイ

一番人気の「バスクチーズケーキ」650円
カフェラテ 700円

Menu

シェケラート（エスプレッソ / カフェラテ）	700円
カプチーノ	700円
エスプレッソバナナシェイク	850円
クラフトビール	1000円〜

コーヒーもアルコールも
多彩に取り揃えています

店長
篠原頼将《よりまさ》さん

Rhum06

ラム

sweets / bread / food / alcohol / take out / goods / wi-fi

左上：右側の階段を上がる　**左下：**本日のパフェ（きび砂糖風味のベリーシャーベットにラム酒の生チョコ）1500円　**上：**夜は店内の明かりを落としてしっぽり　**下：**パウンドケーキは予約可

Access

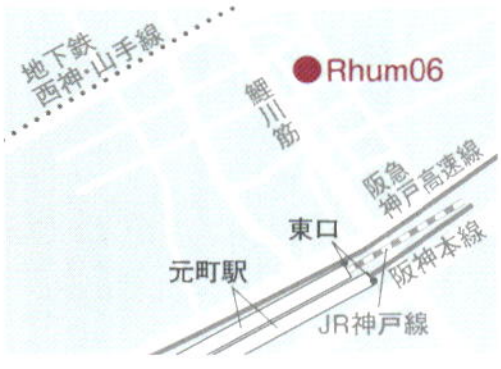

Information

神戸市中央区下山手通 3-4-3 Grand Terrace kobe MotoMachi ビル東棟４階　070-9234-3377
11：30 ～ 21：30　※閉店時間は instagram で要確認
第２・４月曜休み、変更あり
テーブル４席、カウンター６席
全席禁煙
https://www.instagram.com/rhum_06.bake/

JR・阪神元町駅東口より北へ３分

プレートランチ 1800円
(パンケーキ、スープ、自家製ドレッシングのサラダ、ドリンク)

体にやさしいグルテンフリーパンケーキを

２０２４年４月、元町にオープンしたグルテン＆ホワイトシュガーフリーのカフェ。米粉ときび砂糖を使ったパンケーキやパウンドケーキが中心です。パンケーキは食事系とスイーツ系があり、ランチやディナーにもおすすめ。オーナーが厳選してたどりついた上質な米粉を使い、手間をかけて、ふんわりと焼き上げるパンケーキは時季によってトッピングが変わります。

米粉のパウンドケーキは日替わりで数種類が並び、出現率が高いのは、店名の由来にもなった「ラム酒」が入ったもの。香り高い自家製ラムレーズンがポイントです。米粉ならではのしっとりした生地に、きび砂糖のやさしい甘みで、あと味がよく、カットケーキなら２〜３個は食べられます。夜はアルコールでまったりしたあとに、パフェでさらに幸せ気分に。ナチュラルな雰囲気の中で、手作りの、体にやさしい料理を味わえます。

Menu

いちごサワー　650円

コーヒー	500円
カフェラテ	580円
パンケーキ＋ドリンク	1500円
パウンドケーキ	450円

おひとりさまでも
気軽に来てくださいね

オーナー
浜田千佳さん

nagi coffee&bake

ナギ コーヒーアンドベイク

sweets / bread / food / alcohol / take out / goods / wi-fi

隠れ屋のようなカフェで、
穏やかなコーヒータイムを

Access

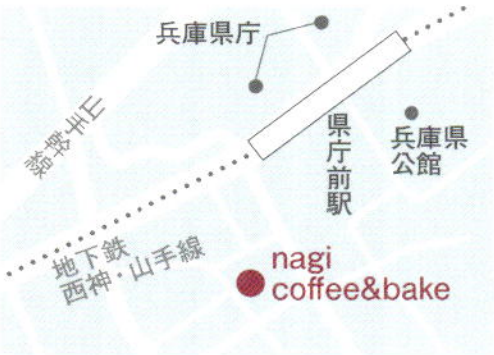

Information

神戸市中央区下山手通 5-7-7 サンゼン山手ハイツ
078-335-8130
11：00 ～ 18：00
火・水曜休み
テーブル 2 席、カウンター 6 席
全席禁煙
https://www.instagram.com/nagi_coffee.bake/

地下鉄西神山手線県庁前駅西出口 4 より南へ 2 分

左上：人気メニューのワッフル（アイスとホイップ）　**左下：**サイフォンで丁寧に淹れた自家焙煎の凪ブレンド 530 円　**上：**四角いフォルムの nagi プリン　**下：**コーヒー豆の販売も

自家焙煎珈琲が魅力の静かな隠れ家カフェ

県庁近くにある、隠れ家のような雰囲気が漂うカフェ。店名の"nagi"は、オーナー・那須さんの出身地の海からインスピレーションを得たもので、お客さんに穏やかな時間を過ごしてもらいたいという意味も加わったダブルミーニングになっています。

サイフォンで一杯ずつ淹れる香り高いコーヒー「凪BLEND」には、那須さん自身が焙煎した豆を使用。店内のお菓子・スイーツに合うバランスで焙煎されていて、名前のとおり、ホッとする穏やかな味わいです。エチオピア、ブラジルといった定番のほか、期間限定のブレンドも。ユニークな四角い形をしたプリンは、どこか懐かしい味わい。卵の風味がたっぷりで、少し固めに仕上がっています。人気のワッフルは、プレーンや季節のワッフルなど4種類。すべて、二分の一サイズでオーダーできるのもうれしいポイントです。

Menu

nagi プリン	300 円
みかんジュース	630 円
ワッフル（アイスホイップ）	700 円

どのクッキーにするか迷ったら「全部のせ」がおすすめ。650 円

※価格変更予定あり

凪の海のような穏やかな時間をお過ごしください

オーナー
那須初夏さん

nazca bird

ナスカ バード

sweets / bread / food / alcohol / take out / goods / wi-fi

左上：とろ〜りなめらかな食感のプリン 360 円　**左下：**注文を受けてから豆を挽いて淹れる　**上：**ジャズが流れる落ち着いた店内　**下：**濃厚なチーズが楽しめるレアチーズケーキ 400 円

Access

Information

神戸市中央区下山手通 4-7-14
078-392-8070
12：00 〜 19：00（土・日曜は 11：00 〜）
火・水曜休み
テーブル 12 席、カウンター 6 席
全席禁煙
https://www.instagram.com/nazca_bird/

JR・阪神元町駅東口より北へ 5 分

ジャマイカ発祥のケーキ
「ハミングバードケーキ」400円

本を持ってでかけたいソロおすすめカフェ

焼鳥屋さんを25年営んだオーナー夫婦がアルバイトスタッフの卒業を機に、同じ場所にリニューアルオープンしたカフェ。壁に備えつけた本棚にはずらりと本が並び、自由に読むことができます。お店のサブタイトルに「風待ちcafe」とあるのは、「船が順風を待つ『風待ち港』のように、お客さんがのんびりと過ごせる場所を提供できたら」という思いから。自分だけの時間を楽しみたい人にイチオシのお店です。

高品質の豆を少量ずつ仕入れているため、コーヒーの価格がリーズナブルなのもうれしいポイント。シナモンやカルダモンといったスパイスが利いた「ハミングバードケーキ」はお店の人気メニューのひとつです。バナナやパイナップル、くるみ入りで、ほんのりとスパイシーな風味がヤミツキに。食べたらきっとファンになる、おすすめケーキをぜひ味わってみてください。

Menu

nazca_bird ブレンド 500円

カフェ・オ・レ（H/I）	600円
アイスコーヒー	600円
紅茶（H）	600円
ルイボスティー（H/I）	500円

店内の本を読む方向けに
栞を用意しています

オーナー
河野さん

calas

カラス

sweets / bread / food / alcohol / take out / goods / wi-fi

左上：1カ月ごとに企画展を開催するギャラリースペース　**左下：**座席はカウンター席のみ　**上：**トーストサンドイッチ（生ハム+トマト）950円　**下：**「はなうた食堂調理室」のスイーツ

Access

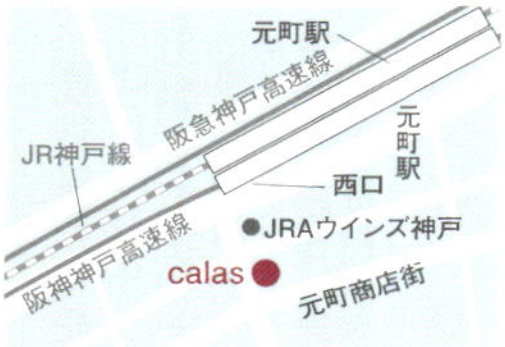

Information

神戸市中央区元町通 2-7-8 元町防災ビル 2 階
078-599-9955
11：30 ～ 19：30
水・木曜休み　※臨時休業あり。Instagram で要確認
カウンター 8 席
全席禁煙
https://www.instagram.com/calaskobe/

JR・阪神元町駅西口より南へ 3 分

温かさと冷たさを楽しむメニュー
「バニラアイスのせホットドーナツ」750円

シンプルな空間でゆったりカフェタイム

「ゆっくりくつろいでもらえるようシンプルで無味無臭な空間を」というコンセプトを大切にする三好卓さん。オペラ歌手、マリア・カラスから命名した店は、同じビル内で移転した後も雰囲気はそのままで、ほっと一息つくのに最適な場所です。

一番人気のホットドーナツは、パウダーやシロップなど、オプションが豊富。なかでもおすすめは「チョコレートシロップのバニラアイスのせ」で、見た目のキュートさだけでなく味わいのよさも魅力です。フードメニューでは、トーストサンドとマッシュルームスープのセットがお値打ち。月に1回入荷する、台湾料理の教室「はなうた食堂調理室」のスイーツは心待ちにするファンも多く、イートインにもおみやげにも最適だとか。

絵画や陶芸など、毎月開催する企画展も好評です。「展覧会だけ見に来ていただくのも歓迎ですので、気軽に寄ってくださいね」と三好さん。

Menu

自家製ジンジャーエール　700円

ハーフマッシュルームのポタージュ	900円
レモンケーキ	800円
バナナジュース	700円
ハニーチーズトースト	900円

ゆっくり休んでいって
くださいね

店主
三好 卓さん

GREEN HOUSE Wald

グリーンハウス ヴァルト

sweets / bread / food / alcohol / take out / goods / wi-fi

テーブル周りにはたくさんの植物が配置され、通路はゆるやかなカーブの坂道。まるで森の中の小道のよう（1階）

右上：週替わりパスタランチ 1400円（昼）
右下：ソーセージ盛り合わせと梅風味のアボカドディップ（夜）　**上：**左上から時計回りにモヒート、テキーラサンライズ、漬け込みハイボール

朝・昼・夜、都心の森カフェでリフレッシュ

亜熱帯の森をイメージした店内でゆったりと過ごせるカフェ。1階と2階は森カフェ、3階は着席で72名、立食は120名まで貸し切りできるパーティフロアです。朝6時半から夜11時まで、食事・カフェ・スイーツ・アルコールとフル活用する常連も。

ランチは小麦の香りともちもち感が特徴の生パスタ、イタリア製の薪窯で焼く本格ナポリピッツァ、自家製ソースのオムライスなどが人気。

夜は明かりを落として大人の雰囲気で、一品料理をつまみながらワインやカクテルでまったりできます。アールグレイ、アップルシナモン、レモンライムなどの風味が人気の「メーカーズマーク」漬け込みハイボールもヴァルトならでは。

早朝からの「森モーニング」は、マフィンかアーモンドバタートーストを選べる「きこりプレート」がおすすめ。マフィンは毎日15～20種類が並び、明太餅チーズのようなおかず系、マロンクリームのようなスイーツ系など専任スタッフが工夫した味ばかり。アーモンドバタートーストはライ麦食パンの上に発酵バターとたっぷりのアーモンドダイス。モーニングのセットはドリンクが飲み放題です。

ケーキやパフェなどのスイーツも充実しており、最近では夜パフェも話題に。紅茶は「ムレスナティー」で、いろいろなフレーバーを楽しめるティーフリー。コーヒーは高級な豆として知られる「トアルコ トラジャ」。一人でもカップルでもグループでも、朝から夜遅くまで、さまざまなシーンで利用できます。

目の前の緑が美しい「GREEN HOUSE Silva」のオープンテラス

ヴァルトから徒歩約３分の姉妹店「GREEN HOUSE Silva（グリーンハウスシルバ）」。森を抜けたら入口。中央区琴ノ緒町 5-5-25

Access

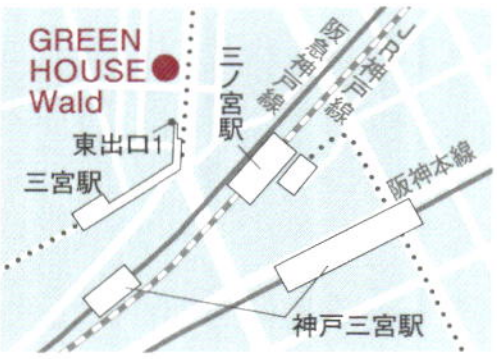

Information

神戸市中央区加納町 4-10-30 神戸大隆ビル１～４階
078-322-3377
6：30 ～ 23：00　※金・土曜、祝前日は 24：00 まで（LO フード閉店１時間前、ドリンク 30 分前）、モーニング 6:30 ～ 11:00、ランチ 11:00 ～ 15:00、カフェ 15:00 ～ 18:00、ディナー 18:00 ～ 24:00
休みなし（正月休みあり）　テーブル 200 席　全席禁煙
https://www.green-house99.com/

JR 三ノ宮駅、阪神・阪急神戸三宮駅より北へ４分。
地下鉄三宮駅東出口１より北へすぐ

おかずタイプ、スイーツタイプなど、週替わりでいろいろな種類が並ぶマフィンはテイクアウトもOK。1個280円

「きこりプレート」アーモンドバタートースト1200円。ひよこのゆで卵は10個に1個だけのラッキーアイテム

Menu

コーヒー	750円
※ポットサービス	1050円
紅茶（ティーフリー）	1300円
ソフトドリンク・アルコール	700円～

カクテルやワインの種類もたくさんあります

チーフ
松本愛翔さん

cafe yom pan

カフェ ヨムパン

sweets / bread / food / alcohol / take out / goods / wi-fi

左上：しっとり滑らかなチーズケーキ 250 円　**左下：**ゆったりくつろげる 3 階は予約可能　**上：**シンプルで落ち着ける 2 階　**下：**しっかりとした食感でおいしいパウンドケーキ。各 200 円

Access

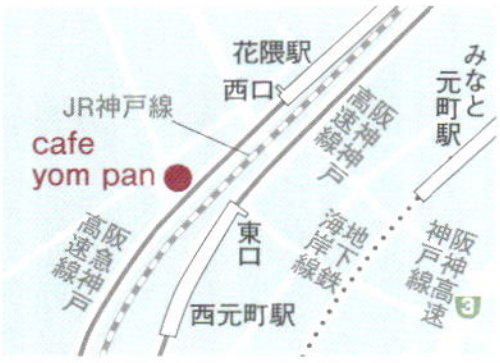

Information

神戸市中央区北長狭通 7-1-14
TEL なし
8：30 〜 17：30（16：50LO）
日曜休み
テーブル 6 席、カウンター 5 席
全席禁煙
https://x.com/cafeyompan

阪急花隈駅西口より西へ 3 分、阪神西元町駅東口より北西へ 3 分

フォカッチャサンド 700円（ミニサラダ・ヨーグルト・ドリンク付）。5種類から選べる

自家製パンがおいしいくつろぎカフェ

カウンターに並ぶ焼菓子やパンが見えるガラス張りの店内。1階は厨房で、イートインは2階または3階に上がります。テーブルとカウンターで10席ほどですが、ホッと落ち着ける空間です。3階には大きな本棚があり、靴を脱いで上がるスペース。おもちゃや絵本も用意され、小さな子ども連れでもゆっくりできます。

オリジナルのフォカッチャは、茹でたじゃがいもを粗めに潰して混ぜ込んだ生地で焼き、「フォカッチャというよりじゃがいもパンかも」と、店主の藤原崇哉さん。もちもちの食感にハマります。朝食にも昼食にもぴったりなのが、このフォカッチャで作るサンド。ローストポークやスモークサーモン、鶏むねなど5種類から選べるセットメニューです。1階では、じゃがいもフォカッチャやホットドックに使っているトマトパン、焼菓子を販売。8種類の味が楽しめるパウンドケーキもおすすめです。

Menu

カフェオレ（H/I）	450円
紅茶（H?I）	400円
クロックムッシュ	250円
ホットドック	250円

コーヒーはフレンチプレスで。400円

オリジナルのフォカッチャサンドをどうぞ！

店主
藤原崇哉さん

coffee up!

コーヒー アップ

sweets / bread / food / alcohol / take out / goods / wi-fi

オーナー夫婦はスペシャルティコーヒーの聖地
メルボルンで修行したバリスタ

Access

Information

神戸市中央区相生町 5-10-21-101
078-585-7474
9：00 ～ 17：00
木曜休み
テーブル 10 席、テラス 4 席
全席禁煙
https://coffeeupkobe.com/

JR 神戸駅、阪神・阪急高速神戸駅、
地下鉄海岸線ハーバーランド駅 4 番出口より 3 ～ 8 分

左上：バナナブレッド 350円　**左下：**ラテアートの大会で数々の受賞歴があるバリスタの技が光る　**上：**ふんわりと香るコーヒーに癒される　**下：**時季によって味が異なるマフィン 350円

品質よくあたたかいローカルコーヒーショップを目指して

ＪＲ神戸駅から5分ほどの幹線道路沿いにあるカフェスタンド。スペシャルティコーヒーの聖地、オーストラリア・メルボルンでバリスタ修行を行ったオーナー夫婦が営むお店です。ローカルコーヒーショップの手本になりたいという金藤真麻さんは、「品質の高いコーヒーを提供するのはもちろん、よいコーヒー体験ができるように、ホスピタリティも大切にしています」と話します。

店頭にはオリジナルブレンドを含む、常時5～6種類の豆がラインナップ。味覚評価の国際ライセンスであるQグレーダーの資格を所有する夫の智也さんが品質をチェックし、豆の鮮度管理もしっかりと行っています。マフィンやケーキなど、コーヒーに合う焼菓子は無添加と国産素材にこだわったものばかり。スタッフみんなですべてのコーヒーとペアリングをしているそうなので、組み合わせに迷ったら相談してみては。

Menu

ドリップコーヒー（H/I）	400円～
カフェラテ（H/I）	500円
カプチーノ（H）	500円
チャイラテ（H/I）	650円

ドリップコーヒーエチオピア浅煎り
550円

お客さまに提供する前に
試飲して味を確認しています

オーナー
金藤真麻さん

SCHOOL BUS COFFEE STOP MOTOMACHI

スクールバス コーヒーストップ モトマチ

sweets / bread / food / alcohol / take out / goods / wi-fi

あえて彩度を落とした照明で、
時間を忘れてくつろげる空間に

Access

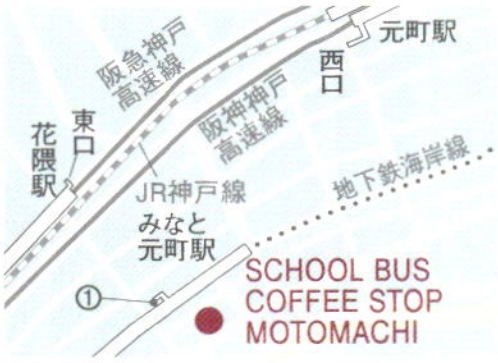

Information

神戸市中央区海岸通 4-5-16
078-599-6173
10：00 ～ 18：00（土・日曜は 9：00 ～）
休みなし
テーブル 14 席、カウンター 5 席
全席禁煙
https://www.schoolbus.coffee/

阪急花隈駅東口より南東へ 6 分、JR・阪神元町駅西口より南西へ 8 分、地下鉄海岸線みなと元町駅 1 番出口より南へ 2 分

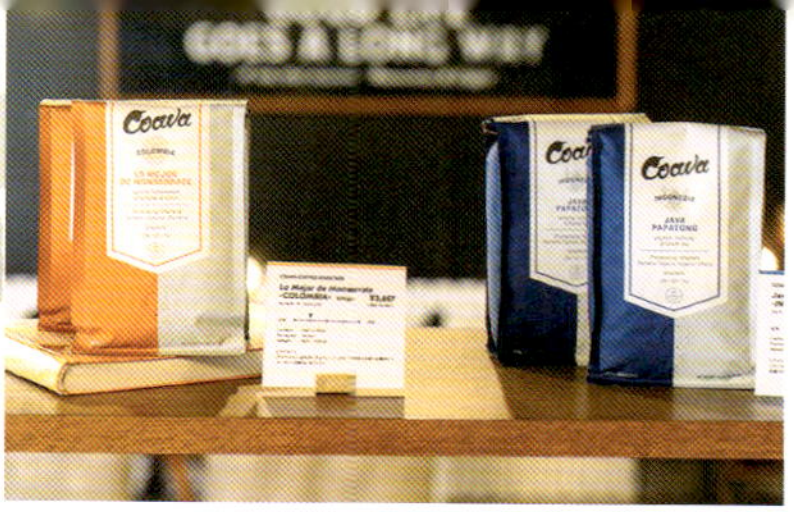

左上：米国直輸入「コアバコーヒーロースターズ」シングルオリジン　**左下：**ひとりでも友人とでも訪れやすい　**上：**アボカドエッグチーズトースト 1400 円　**下：**繊細なラテアートに感動

ゆとりある座席配置でカフェ時間を豊かに演出

大阪や京都にある人気カフェの3号店。アメリカンダイナーのような異国情緒あふれる空間で、のびのびカフェ時間が楽しめます。コーヒーの人気ナンバーワンを誇るのは、一般的なラテよりミルクフォームが少なめの「フラットホワイト」。微細に立てたフォームを駆使し、見事なアートを施して提供します。飲み口はあっさりしながらもコク深く、後味は驚くほどすっきり。何度でも飲みたくなるおいしさとラテアートの美しさに、舌も心もふんわりほぐれます。コーヒー豆は自家焙煎のほか、アメリカ・ポートランドの「コアバコーヒーロースターズ」からも取り寄せるなど、多彩な味わいを追求。行くたびに新しい発見があるカフェです。

午前中に訪れたら、ブレックファースト限定のトーストもぜひ。アボカドペーストがたっぷりのったトーストと、コク深いコーヒーとの至福の組み合わせを満喫して。

Menu

フラットホワイト 650 円

ブラックコーヒー ポアオーバー	630 円
ラテ	650 円～
フレンチトースト（ドリンクセット）	1400 円
アフォガート	850 円

ミルクの温度やキメにこだわっています！

マネージャー
橋本みなみさん

CAFE Zoé

カフェゾエ

sweets / bread / food / alcohol / take out / goods / wi-fi

左上：フレンチトーストセット（塩アイス＋メイプルシロップ）1450円～　**左下：**1950年代のパリの映画のポスターもステキ　**上：**ブルーの壁が印象的な店内　**下：**珈琲ゼリー800円

Access

Information

神戸市中央区御幸通6-1-3ヤマダビル3階
078-261-3230
12：00～17：00
土日・祝日休み
テーブル10席、カウンター6席
全席禁煙
https://www.instagram.com/cafe_zoe/

JR三ノ宮駅、阪神・阪急神戸三宮駅より3～8分、
地下鉄海岸線三宮・花時計前駅3番出口より東へ2分

玉子焼き＋スクランブルエッグの２種使いの
「タマゴサンドセット」1350円〜

ひとりの時間を楽しむ隠れ家カフェ

雨の日や夕暮れ時に無性に行きたくなるような、雰囲気抜群の老舗カフェ。三宮エリアの駅周辺とは思えないビルの3階は、ひとりの時間を楽しむのにぴったりで、読書や仕事をする姿が多く見られます。

人気の珈琲ゼリーは、全国放送のテレビ番組でも取り上げられた看板メニュー。濃く淹れたオリジナルコーヒーと塩アイスのバランスが絶妙で、7年前のメニュー導入当初から変わらず甘さ控えめなのもうれしいポイント。これを食べるためだけに訪れる人が多いのも納得の逸品です。また、またフレンチトーストは、そのときどきの旬の食材を使ったシーズンものもおすすめ。

手間暇かけた手作りを昔から大切にしていて、「ずっと変わらないメニューですが、少しずつ進化しているんですよ」と笑うオーナーの荒井さん。おいしいものを食べて気持ちをリセットする時にも最適です。

Menu

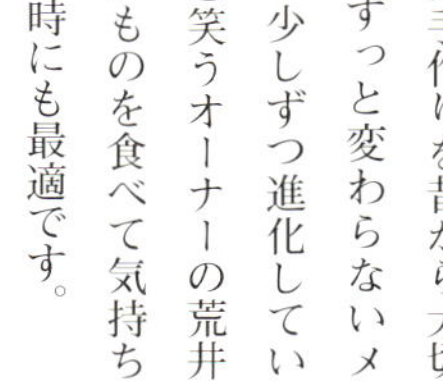

カフェオーレ（H/I）650円

カシューナッツカレーセット	1350円〜
自家製レモンジンジャーエール	750円
自家製チーズケーキセット	1250円〜
ミックスジュース	800円

平日の午後、
ゆっくりお過ごしください

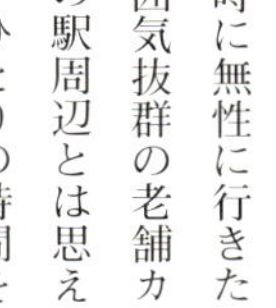

オーナー
荒井厚子さん

ALLIANCE GRAPHIQUE

アリアンス・グラフィック

sweets / bread / food / alcohol / take out / goods / wi-fi

旅のひとときを過ごしているような気分になれる

右上：直接セレクトした中国茶 1100 円。日本ではあまり見られない固形茶を使用
右下：ケーキセット 1980 円（ドリンク付）
上：オーナーのコレクションがたくさん

旅の途中に迷い込んだ異国のような空間

オープンして30年を超える神戸を代表するカフェ、アリアンス・グラフィック。かつて貿易会社の本社ビルとして建てられた海岸ビルヂングの裏手、1階北側の元倉庫を改装しました。ビルの表にあたる南側は御影石でクラシカルな装飾が施されていますが、北側の裏は赤煉瓦の外壁で、別のビルのようにも見えます。大きなドアを開けて店内に入ると、見上げるほどの高い天井と壁の古い煉瓦が印象的です。溶け込むように馴染むいくつもの照明や調度品、インテリアのほとんどは、オーナーの森下尊義さんがフランスで買い付けたもの。カウンターや椅子などはすべてオーダーメードで、その一つひとつがこの空間を作り上げています。

インパクトのあるネーミングの「フランス人に教えてもらったカレー」は、森下さんが買い付けでフランスに通っていたときに現地で出会った友人のレシピから。続いて登場した「フランス人に教えてもらったカレードリア」は、このカレーをベースに、森下さんが学生時代に初めて食べた忘れられないカレードリアの思い出とともに誕生した人気メニューです。どちらもランチのセットメニューでデザート付き。ほろ苦いカラメルとしっかりとした味わいのプリンのファンも多いのだとか。

ランチやスイーツ、ドリンクのほか、もちろんアルコールメニューも豊富です。カクテルなどのラインナップは100種類以上で、カウンターでグラスを傾けながら、静かな夜のゆったりとした時間が過ごせます。

ビール、ワイン、リキュール、ウイスキーなど各種揃う。幅広い種類のカクテルがおすすめ

1911年に施工された国の登録文化財の海岸ビルヂングは、神戸を代表する近代建築。吹き抜けの天井のステンドグラスは必見

Access

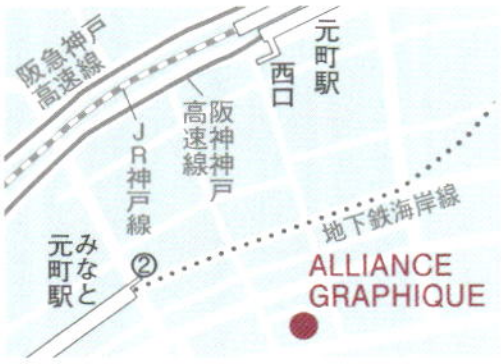

Information

神戸市中央区海岸通 3-1-5
078-333-0910
11：30 ～ 22：30LO（ランチは～ 16：00）
不定休
テーブル 20 席、カウンター 8 席
全席禁煙
https://www.alliance-online.jp/

JR・阪神元町駅西口より南へ 7 分
地下鉄海岸線みなと元町駅 2 番出口より南へ 3 分

アッサムをミルクで煮だしたアリアンス
オリジナルのプレーンチャイ 770 円

ランチメニューの「フランス人に教えてもらったカレードリアセット」2090 円。パン、ミニサラダ、ドリンク、デザート付き。16 時まで

Menu

オリジナルコーヒー	660 円
カプチーノ	770 円
カンパリ	880 円
フランス人に教えてもらったカレーセット	1980 円

Bonjour!

オーナー
森下尊義さん

macaronner

マカロネ

sweets / bread / food / alcohol / take out / goods / wi-fi

左上：おみやげにぴったりの焼菓子　**左下：**雑貨も販売　**上：**やさしい自然光が入るカフェスペース　**下：**ハーフサイズのケーキ２種とお好きなマカロンのデザートプレート 890 円

Access

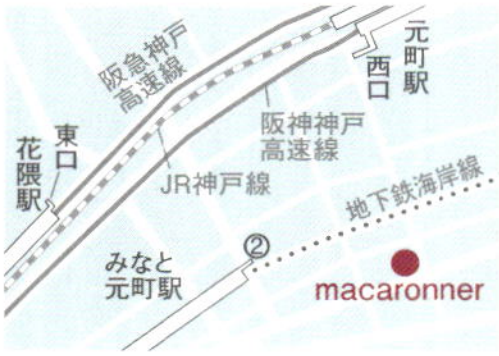

Information

神戸市中央区栄町通 3-1-18 ハーバービル２階
078-321-0569
12：00 ～ 19：00
不定休
テーブル６席、カウンター６席
全席禁煙
https://www.instagram.com/macaronner

JR・阪神元町駅西口より南へ５分、地下鉄海岸線みなと元町駅２番出口より東へ３分

マカロンと、ロイヤルミルクティーに
ラム酒が入ったラムロイヤル

パリのアパルトマンのようなお店でティータイム

個性的なカフェや雑貨店が集まる乙仲通。パリの小さなアパルトマンのようなお店は、オーナーの三谷さんがフランスでの生活を終えて帰国後にオープンさせたパティスリーです。以前この場所にあったお店で勤めていたことが縁で、閉店のタイミングに声をかけられたのが開業のきっかけだったそう。

店内では、フランスの生活で魅了されたマカロンやケーキを手作りで提供。現地で勤めていたパティスリーが高知県の実生柚子をマカロンのガナッシュに使っていたこともあり、三谷さんもそれを引き継ぎ、自身のお店でも柚子のマカロンを手作りしています。「柚子の風味のマカロンではなく、柚子そのものの味を楽しめるマカロンを提供したい」という思いがあり、ガナッシュの中には、ギリギリまで高知産の柚子の果汁が入っていて、フレッシュな味わいを楽しむことができます。

Menu

ロイヤルミルクティー	650円
コーヒー	550円
本日のデザート	580円〜
かぼちゃのチーズケーキ	580円

ラム酒が入った「ラムロイヤル」は
大人の味。690円

ひとつ、ふたつからでも
今日のおやつにどうぞ

オーナー
三谷さん

RIO COFFEE 神戸北野店

リオ コーヒー　こうべきたのてん

sweets / bread / food / alcohol / take out / goods / wi-fi

アウトドアチェアや木製家具が並ぶ
ナチュラルテイストの店内

Access

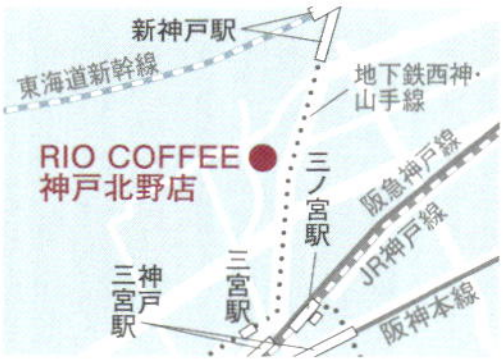

Information

神戸市中央区北野町 1 - 1 -14
078-221-6665
9：00 ～ 18：00
火曜休み
テーブル 26 席、カウンター 4 席、テラス 10 席
全席禁煙
https://ashiya-rio.jp/

JR 三ノ宮駅、阪神・阪急神戸三宮駅より北へ 13 ～ 15 分、
地下鉄西神・山手線新神戸駅より南へ 10 分

左上：コーヒーは常時８種類がラインナップ　**左下：**全席 wi-fi 利用可能　**上：**クロックマダムプレート 1000 円　**下：**米粉ショートブレッドやキャロットケーキはテイクアウトもできる

緑あふれる空間でスペシャルティコーヒーを

神戸北野異人館街へと続く坂道の途中、ホテル北野プラザ六甲荘の１階にあるカフェ。ガラス窓で囲まれた店内はとても明るく、観葉植物にほっと心が癒されます。店名の「RIO」はイタリア語で「川」という意味をもち、川の上流である農園から下流の消費者への橋渡しになれたらとの思いが込められています。

「野菜やくだものと同じようにコーヒーを売る」のコンセプトどおり、オーナーが直接コーヒー農家へ赴いて生産者が愛情をもって育てたコーヒー豆を仕入れ、消費者へ届けることを大切にしています。お店で提供するコーヒーは、QRコードを読み取ると生産者へメッセージを送ることができるという取り組みも実施しています。店頭にラインナップするのは、すべてスペシャルティコーヒー。ゆったりとした空間で、浅煎りから深煎りまで、好みの煎り方のコーヒーを心置きなく味わえます。

Menu

アフォガード風・ゼリーラテ 1100 円

日替わりコーヒー（H/I）	S 660 円、M 880 円
エスプレッソ（H）	S 550 円、M 770 円
カフェラテ（H/I）	S 770 円、M 990 円
ハンドドリップコーヒー（H）	880 円～

モーニングとティータイムの間が狙い目です！

スタッフ
池上さん

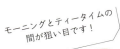

KOKOSICA

ココシカ

sweets / bread / food / alcohol / take out / goods / wi-fi

左上：焼きたてのベーグル＆デニッシュ　**左下：**人気のミックスジュースはストレートジュース100％で作った自家製氷入り　**上：**1階テーブル席　**下：**懐かしい昭和レトロ食器も販売

Access

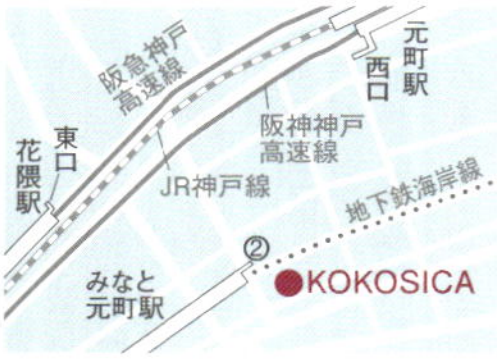

Information

神戸市中央区栄町通 3-2-16
078-587-2888
10：00 ～ 18：00
金・土・日曜のみ営業
テーブル 1 階 26 席、2 階 23 席
全席禁煙
https://www.instagram.com/kobe_kokosica/

阪急花隈駅東口より南東へ 6 分、JR・阪神元町駅西口より南西へ 7 分、地下鉄海岸線みなと元町駅 2 番出口より南へ 2 分

プレートとドリンクがセットになったBランチ

焼きたてベーグル&デニッシュのランチで元気UP！

デニッシュ好きのご主人とベーグル好きの奥さんが始めたお店は、「ここにしかない」から「ココシカ」。店頭には焼きたてのパンとレトロな食器が並んでいます。店内には、隠れ家のような2階のほか、隣の店舗とつないで拡張したテーブル席があります。現在は金～日曜のみの営業で、金曜の朝にパンが焼き上がると、待っていた近所の人たちが次々と訪れています。売り切れ終了のランチは、日替わりのベーグル&デニッシュと温かいスープ、サラダと小さな一品、プチデザートのプレート。人気のドリンク付きから欲張りに楽しめるスペシャルランチまで揃っています。

2023年には淡路島に2号店「チューズデイ」をオープン。今後は淡路島でもパンを焼いて、好きで買い集めてきたレトロ雑貨も置く予定です。2号店に続いて2025年オープンの3号店では宿泊施設やライブハウスも計画中。ますます楽しみです。

Menu

萩原珈琲のココシカオリジナルブレンド

デニッシュセット（ドリンク付）	950円
チーズケーキセット（ドリンク付）	950円
ネパールティオーレ	690円
桃のフロート	790円

※価格変更予定あり

南あわじ店・チューズデイでもお待ちしています！

オーナー
山岸達也さん
知子さん

tea room mahisa 元町店

ティールームマヒシャ もとまちてん

sweets / bread / food / alcohol / take out / goods / wi-fi

左上：クロテッドクリームを添えた「スコン」780円 **左下：**陽光が差し込む明るい店内　**上：**ゆったりとくつろげるソファ席　**下：**スコンと2種のケーキが楽しめるアソートプレートも

Access

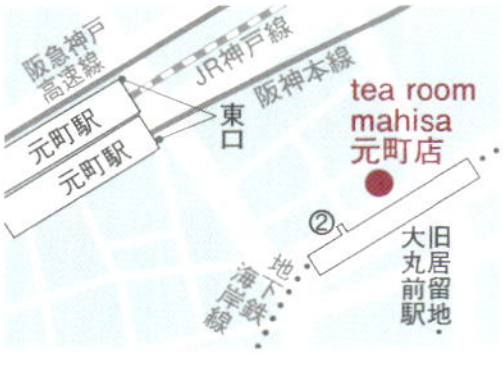

Information

神戸市中央区三宮町 3-2-2 伊藤ビル 2 階
078-332-7590
11：30 〜 19：00（18：30LO）、土日・祝日〜 19：30（19：00LO）
※ランチ 11：30 〜 14：00（売り切れ次第終了）
休みなし
テーブル 32 席　全席禁煙
https://www.tete.co.jp/

JR・阪神元町駅東口より南へ 5 分、
地下鉄海岸線旧居留地・大丸前 2 番出口よりすぐ

濃い紅茶にミルクをたっぷり注ぐ
マヒシャ流を楽しんで

地元神戸っ子も通う人気の紅茶専門店

１９８７年に神戸にオープンした紅茶専門店。メニューには、飲み比べたときに味の違いが分かるような紅茶を常時14種類用意しています。ミルクティで飲むとおいしい濃厚な紅茶には、通常の2倍以上の葉を使っているのもマヒシャならでは。ぜひミルクたっぷりで飲んでみてください。

お客さんのほとんどが注文する「スコン」は全粒粉を使ったザクザク食感が特徴。レシピは店舗ごとに異なるそうなので、本店や岡本店で食べ比べするのもおすすめです。濃い紅茶に合うようセレクトしたケーキは、定番のスパイシーチーズケーキを除いて時季によってメニューが変わります。スコンのプレートランチやチキンキーマカレーなど、ランチ目当てのお客さんも。「ヨーロッパで提供されているような紅茶を日本でも楽しんでいただけたら」とオーナーの松浦さん。お気に入りの紅茶を探しに訪れたいお店です。

Menu

今月のミルクティ 800円

紅茶（H）	780円～
チャイ（H）	730円
シナモンチャイ（H）	750円
ココナツチャイ（H）	780円

メニューに悩んだらスタッフに
ご相談ください

オーナー
松浦さん

KIITO CAFE

キイトカフェ

sweets / bread / food / alcohol / take out / goods / wi-fi

水分検査機のハイテーブルのほか、窓側に並ぶ
小さな机や存在感のある大テーブルも

右上：レトロな空気感でゆったり落ち着く　**右下：**当時の機械もオブジェのよう　**上：**定番のレモンのチーズケーキ 400円。セットドリンク 100円引き

古くて新しい趣のある建物で野菜たっぷりのランチを楽しむ

三宮の海側に２０１２年に開館したデザイン・クリエイティブセンター（KIITO）。元は神戸市立生糸検査所（旧館）で、１９２７年に輸出生糸の品質検査を行う施設として建設されたゴシックを基調とした建物です。その1階にカフェがあり、店内には生糸検査所時代に使われていたテーブルやソファなども残っています。窓側にずらりと並ぶハイテーブルは、生糸の正確な重さをはかる水分検査機を再利用したもの。また、すべてのテーブルを上部ダクトでつないで両端にスピーカーをセットし、パイプの中から音楽を流して活用しています。時が流れて役目を終えた場所や機械に新たな息を吹き込み、次の文化を生み出しています。

カフェの人気メニューは日替わりランチ。兵庫県の食材を中心に、肉などのメイン料理とたっぷりの野菜をワンプレートで楽しめます。ほかにも自家製デミグラスソースのオムライスやスパイストマトカレーなどがラインナップ。コーヒーをはじめとするセットドリンクや日替わりのセットケーキもプラスできます。ランチタイムは混雑する場合があり、ウエブサイトからの予約がおすすめ。カフェメニューはドリンクのほか、チーズケーキやタルト、ガトーショコラとのケーキセットもあります。

カフェでゆっくり過ごしたら、ぜひ趣のある館内も見学してみてください。2階の生糸検査所ギャラリーでは、当時使われていた機械などが展示され、検査所時代の長い歴史と文化に触れることができます。

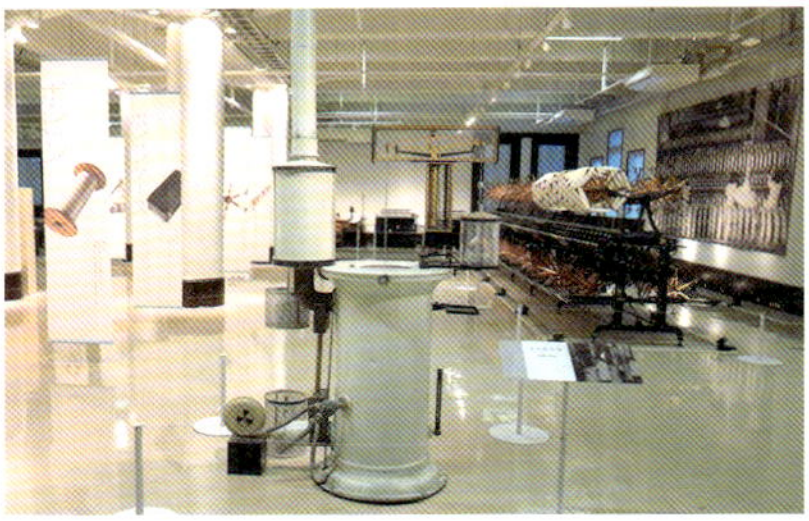

2階の生糸検査書ギャラリー。水分検査機や再繰切断機のほか、歴史がわかる年表などを展示

壁や天井、階段の手すりに至るまで、神戸ならではの歴史と趣を感じる近代建築

Access

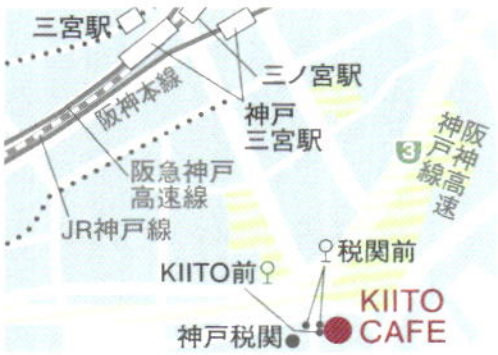

Information

神戸市中央区小野浜町 1-4
078-332-7102
11：30 ～ 16：00（15：30LO）　※土曜は～ 15：00（14：30LO）
日・月曜休み
テーブル 40 席　全席禁煙
https://www.instagram.com/kiito_cafe/

JR 三ノ宮駅、阪急・阪神神戸三宮駅より南へ 20 分。
三宮駅ターミナル前より市バス 29 系統で税関前下車すぐ。
三宮駅前より神姫バスポートループかもめりあ行きで KIITO 前下車すぐ

繊細なラテアートを施した
カフェラテ 550円

日替わりランチ 950円。この日のメインは厚揚げと野菜の肉巻き。
サラダのほかに小鉢のおかずも野菜たっぷり

Menu

アメリカーノ（HOT/ICE）	450円
神戸紅茶（HOT/ICE）	450円
マサラチャイ	550円
ケーキ	各 400円

おいしい野菜を食べたい方は、
ランチをどうぞ！

店長
上田卓也さん

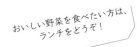

UNICORN

ユニコーン

sweets / bread / food / alcohol / take out / goods / wi-fi

左上：ロゴ入りマグカップなど、オリジナルグッズも好評　**左下：**アーケードがあり、雨の日もOKのテラス席　**上：**店内もテーブル席　**下：**アイスと濃厚なエスプレッソが絶妙な味わい

Access

Information

神戸市中央区三宮町 2-8-6
078-381-9088
9：00 ～ 20：00（土日・祝日は 10：00 ～）
不定休
テーブル 12 席、テラス 8 席
全席禁煙
https://www.instagram.com/unicornkobe/

JR 三ノ宮駅、阪神・阪急神戸三宮駅西口より南西へ 5 分。
JR・阪神元町駅東口より南東へ 5 分

ビジュアルも爽やかなティーソーダ
S 600円、M 700円
ハンドメイドケーキ 550円〜

紅茶もコーヒーもエスプレッソで味わい深く

神戸はもちろん、全国でも珍しい紅茶エスプレッソの専門店。好みの味にカスタマイズできる紅茶の楽しみ方を提案します。紅茶をエスプレッソにすることで苦みと香りだけを残し、深みのある味わいが楽しめます。神戸で初めて提供したという定番のティーラテは、濃厚な紅茶のエスプレッソにミルクたっぷりでやさしい味。ティーソーダやセパレートティなど、ソーダやジュースで割ったアイスドリンクもおすすめです。バニラアイスクリームに熱々のエスプレッソをかけたアフォガートは、紅茶・コーヒーともに人気のデザート。

店内はコーヒースタンドの雰囲気で、「まずはコーヒーがおいしくなければ」と、代表の木村信一さん。コーヒー豆は湊川のCOZY COFFEEで焙煎度合いを指定するなど、こだわって作ったオリジナルブレンドです。エスプレッソや各種ラテのほか、ドリップコーヒーもあります。

Menu

ティーラテ S 600円 / M 700円

ソイティーラテ	S 600円 /M700円
カフェラテ	S 600円 /M700円
アフォガート（紅茶 / コーヒー）	700円
ホットサンド	650円〜

朝のおいしい1杯を気軽に
テイクアウトしてください

代表
木村信一さん

COFFEE Norari & Kurari

コーヒー ノラリクラリ

sweets / bread / food / alcohol / take out / goods / wi-fi

花柄の壁紙とブルーのドアが印象的な明るい店内

Access

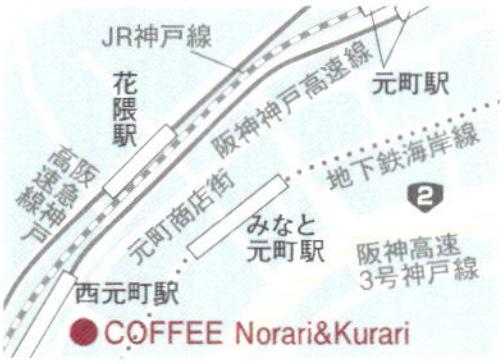

Information

神戸市中央区元町通 6-5-15
078-351-4799
11：00 ～ 18：00
土曜休み
テーブル 18 席、カウンター 3 席
全席禁煙
https://norarikurari0.wixsite.com/coffee

阪神西元町駅より元町商店街を東へすぐ、
JR 元町駅西口より元町商店街を西へ 10 分

左上：昭和時代のタイルがそのまま残る地下のスペース　**左下：**人気のカウンター席　**上：**２種類のチーズをトッピングした「焼きチーズドリア」850円　**下：**土鍋で淹れるコーヒー

土鍋で淹れるコーヒーとカレーが名物

どこか懐かしい雰囲気が残る元町六丁目商店街の一角にある「ノラリクラリ」。２０２０年にリニューアルし、店内が明るくなったと評判です。ランチメニューも一新し、定番のソーセージカレーのほか、焼きチーズカレー、オムカレーなど、人気のカレーを中心に10種類以上用意しています。平日のお昼時には、サラリーマンやＯＬなど近隣の常連客が多く、休日のカフェタイムには、おいしいコーヒーを求めて、京阪神や岡山など遠方からもお客さんが訪れます。

土鍋で淹れるコーヒーは、長田区の焙煎所「豆匠（まめのたくみ）」や宝塚の「百合珈琲」の豆を使ったスペシャリティ。土鍋で蒸すことでよりまろやかな仕上がりに。オリジナル焙煎の「六丁目ブレンド」は、しっかりとした苦みとコクがありバランスのよい味です。商店街同様、昭和の空気感が魅力の店内で、まったりとした和みの時間を過ごせます。

Menu

六丁目ブレンド 550円

今日の珈琲	550円
自家製ジンジャーエール	550円
シナモンジンジャーミルク	600円
焼きチーズカレー	850円

土鍋で淹れるおいしい
コーヒーを楽しんでください

代表
宮久保忠広さん

神戸のコーヒースタンド

スタンディングカウンターやテイクアウトで、
忙しい時間の合間においしいコーヒーを。
個性的なオリジナルブレンドなど、
ここだけの1杯が楽しめます。

柳宗理デザインのレトロな秤は1960年代製のヴィンテージ

コーヒー抽出器具のほか、昭和レトロなコーヒーカップやペルシャ絨毯も販売

HAPPY BLEND 3種類
100g 950円

HAPPY COFFEE

神戸市中央区栄町通 4-2-1
山本ビル 201　TEL なし
12:00 ～ 18:00
土日・祝日のみ営業
※テイクアウトのみ
http://happycoffee.jp

阪急花隈駅東口より南へ5分、JR・阪神元町駅西口より南西へ10分、地下鉄海岸線みなと元町駅2番出口より南へ2分
[MAP P.125]

喫茶店として4年ほど運営したあと、スペシャルティコーヒー豆とテイクアウト販売の現在のスタイルに。ドアを開けるとふんわりとしたコーヒーの香りが漂い、喫茶の頃と変わらぬレトロな雰囲気が落ち着きます。

コーヒー豆は、ライト・ミディアム・ダークのオリジナルブレンド3種類と、シングルオリジンを数種類。「国、精製、焙煎度合い、挽き目、抽出温度など、これらによって味わいが変わるコーヒーを楽しんでほしい」と、店主の潟山和代さん。喫茶時代、コーヒーの選び方や淹れ方がわからないという声が多かったことから、お客さんの好みを聞いて提案したり、気軽に取り入れやすい器具や淹れ方を紹介したり。コーヒーの身近な楽しみ方を伝えています。

ブレンドコーヒー550円。シングルオリジンも各種

Coffee Stand

窓越しにコーヒーを淹れる様子が見える

店内カウンターに 2 席と、外にベンチがある

コーヒー片手に湊川の街歩きも楽しい

tent-coffee

神戸市兵庫区東山町 3-1-1　050-5248-7510
8:00 ～ 18:00（土曜・祝日は 10:00 ～）　日曜休み
https://www.instagram.com/tentcoffee_kobe_minatogawa/
神戸電鉄湊川駅または地下鉄西神・山手線湊川公園駅より北西へ 4 分　[MAP P.125]

個性的な土鍋焙煎で最後までおいしい1杯を

市場や商店街が賑わう湊川にあるコーヒースタンド。沖縄のコーヒー農園で1年間焙煎やカフェ業務の経験を積んで神戸に戻ったオーナーの佐藤聡一さんが、おじいさんが時計店を営んでいた建物で、2坪ほどのお店を2011年にスタート。常連さんも多く、行き交う人が気軽に声をかけています。2023年には湊川神社近くに2号店を移転オープンしました。

コーヒーは、あっさりしているのにコクがあるマイルドとほろ苦さが味わえるダークのブレンド2種、シングルが数種類。自家焙煎の豆は、オリジナルの土鍋焙煎機で。遠赤外線効果によって、ごはんを炊くように中までゆっくりじわじわと熱を通します。余分な水分が抜けて冷めても酸味が出にくいので、最後までおいしいコーヒーを味わうことができます。

ブレンド 450 円、シングル 550 円

オーダーごとに豆を挽き、ハンドドリップで丁寧に淹れる

スタンディング５席、着席２席ほどの店内

器は１９７０年代のノリタケフォークストーン

SOUL DRIP COFFEE

神戸市中央区北長狭通 7-1-28　TEL なし
12:00 ～ 19:00　※金・土曜は 20；00 ～ 23:30 も営業
日・月曜休み
https://www.instagram.com/souldripcoffee/
阪急花隈駅西口より西へすぐ、阪神西元町駅東口より東へ３分　[MAP P.124]

コーヒーの香りが漂う クラシカルな空間

イベントのほか市内数か所での営業を経て、2024年に店舗を構えたオーナーの藤城高志さん。縁あってめぐり合った場所は「神戸で一番魅力的な町」だという花隈で、モダン寺の向かいに位置します。シックで落ち着いた雰囲気の店内は、スペシャルティコーヒーのハンドドリップをメインとしたスタンド。小型焙煎機で少量ずつ、毎日焙煎しています。

コーヒー豆は、藤城さんがこの道に進むきっかけになったという、華やかでフルーティーな「エチアピアウォッシュド」をはじめ常時8種類ほどが揃い、浅煎りから中深煎りまで産地ごとの風味や特性を最大限に生かした焙煎度合いを大切にしています。コーヒー豆をウイスキーに漬け込んだ3種類のコーヒーウイスキーやアルコールもあり、バータイムも楽しめます。

各種スペシャルティコーヒー 600 円

1950年製の歴史ある焙煎機が深い味わいを生み出す

カウンター 6 席の店内。テイスティングもできる

ドリップバッグやカフェラテベース、オリジナルグッズも販売

COZY COFFEE

神戸市兵庫区荒田町 1-18-8 マミービル 1 階
078-521-9200
11:00 ～ 20:00　木曜休み
https://cozycoffee.stores.jp/
神戸電鉄湊川駅または地下鉄西神・山手線湊川公園駅より北へ 3 分　[MAP P.125]

コーヒーとともに楽しむ各種イベントも開催

元々仕入れていた店で焙煎されたコーヒーを飲んで衝撃を受け、「コーヒーにハマった」というオーナーの金本幸治さん。将来的に自分で焙煎することを目標にカフェを運営し、2020年、ドイツ製焙煎機「PROBAT」を導入して現在のスタイルに。積み重ねてきた知識や経験、そして昔の素材と現代の技術で、1950年製のマシンから味わい深い焙煎を生み出しています。

浅煎りから深煎りまで、ブレンド7種類とシングル9種類に加えて期間限定銘柄1種類がラインナップ。その日に必要な分を毎日こまめに焙煎し、鮮度のいい豆を気軽に味わってほしいと、80gから販売しています。

バリスタとロースターの二人でオープンして12年。常に「心に深く刺さる味、記憶に残る味わい」を心がけて焙煎し、コーヒーを淹れています。

本日のコーヒー 450 円

Cafe Luire

カフェ ルイール

sweets / bread / food / alcohol / take out / goods / wi-fi

左上：フランス語で光輝くという意味の店名　**左下：**さわやかな酸味のりんごソーダ 820 円　**上：**やさしい光が入る店内　**下：**フレッシュイチゴたっぷりの「苺のパブロバ」1350 円

Access

Information

神戸市東灘区本山南町 4-3-31　1 階
TEL なし
予約制　※営業日時や予約方法、
テイクアウト営業などの詳細は Instagram を確認
テーブル 10 席、カウンター 6 席
全席禁煙
https://www.instagram.com/cafe_luire/

阪神青木駅より北へ 7 分、JR 摂津本山駅南口より南へ 10 分

リンゴのシフォンケーキとアップル
スイートポテトタルトの２種プレート 2450円

幸せな気分になれるかわいいケーキと空間

阪神青木駅から北へ続く住宅街にあるスイーツカフェ。栄町の人気店カフェ・デ・アゲンダの元店主、長谷川さやかさんが、この場所の空気感に惹かれ、ゆったりとした気持ちでケーキを作りたいとオープンしました。子どもの頃からお菓子作りが好きだったというさやかさんが作るケーキはビジュアルにも凝っていて、季節の新鮮なフルーツがたっぷり。思わず歓声が上がるほど、かわいらしいものばかりです。

「空間とケーキがひとつの世界になって、ゆったり過ごしてもらいたい」と、イートインは完全予約制。週2日（月8日）ほどの営業で、夜カフェや土曜営業の日もあります。基本メニューと追加メニューを選ぶケーキは、好きなものを食べてもらえるように選択肢を多くしています。イートイン営業終了間際から、予約なしで購入できるテイクアウト営業があることも。こちらも楽しみです。

Menu

ブレンドコーヒー	650円
アールグレイ	670円
ハーブティー	620円
自家製レモネード	700円

春はイチゴスイーツがたくさん！

ケーキで笑顔になって
もらえるとうれしいです

オーナー
長谷川さやかさん

ひつじ茶房

ひつじさぼう

sweets / bread / food / alcohol / take out / goods / wi-fi

友人の家に遊びに来たような居心地のよい空間

Access

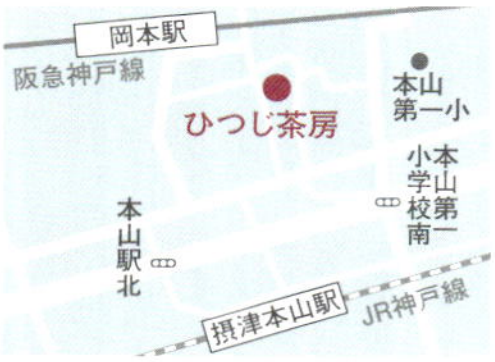

Information

神戸市東灘区本山北町 3-13-26 清風園２階
078-862-9734
9：30 ～ 17：30
日・火曜、祝日休み
テーブル７席、カウンター５席
全席禁煙
https://www.instagram.com/hitsuji_sabo_658/

阪急岡本駅より南へ２分、JR 摂津本山駅より北へ５分

左上：児童文学書や絵本が並ぶ　**左下：**マクロビオティックのアップルパイ　**上：**パンプキンチーズケーキ　**下：**スイーツにあう力強い風味の無農薬茶葉のミルクティー

懐かしさを感じる秘密基地のようなカフェ

学生や地元住民で賑わう岡本に、静かに佇む小さな集合住宅。階段を上ると、小学校帰りに同級生の家を訪れた古い記憶が蘇るような、懐かしい雰囲気のカフェです。

オーナーの亜衣さんが、思い入れのあるこの地に「自分の居場所」を求めて作った店内には、絵本や児童書、常連さんから譲り受けた雑貨などがところ狭しと並んでいます。まるでおもちゃ箱のようにさまざまな物が置かれているのに、どこか落ち着く居心地のいい空間なのは、デザインの仕事にも携わっているという亜衣さんの感性のなせるわざ。

それぞれに常連客のファンがついているという種類豊富なケーキも魅力。なかでも砂糖・バター・卵不使用のマクロビオティックのノンシュガーアップルパイは、りんごの甘みを感じる、開店当初からの人気メニューです。無農薬茶葉のミルクティーとの相性も抜群です。

Menu

パンプキンチーズケーキ	580円
無農薬茶葉のミルクティー	450円（アイス+50円）
マクロビオティックのノンシュガーアップルパイ	630円

ダイエット中でも罪悪感なしの
ノンシュガーアップルパイ

ほっと一息つける空間で
ゆっくり過ごしてくださいね

オーナー
亜衣さん

MOTHER MEETS vintage & cafe

マザーミーツ　ヴィンテージアンドカフェ

sweets / bread / food / alcohol / take out / goods / wi-fi

左上：貸切にも対応する2階席　**左下：**アメリカやヨーロッパから買い付けるヴィンテージ古着　**上：**大きな窓から庭の花々が見える1階特等席　**下：**古布を使ったオリジナルアクセサリー

Access

Information

神戸市東灘区岡本 5-2-4 岡本 2LDK アパートメント
070-1590-3232
11：30 ～ 17：30（土曜・祝日は 11：00 ～ 18：00、各 30 分前 LO）
月・木曜休み（日曜・祝日は不定休）
テーブル 8 席
全席禁煙
https://www.instagram.com/mmkissa10

阪急岡本駅北改札口より東へすぐ。
JR 摂津本山駅より北へ 6 分

ホットケーキセット（ドリンク付）1,250円〜
（10日前からオンラインで予約可能）

古着や雑貨もカフェのエッセンスに

　国産の小麦粉を使って、もっちりと焼き上げるホットケーキが人気のお店。シンプルな素材の旨みを生かした昔懐かしい味がします。プレーンはもちろん、「粒あんトッピング」や「バター2倍」といったオプションもおすすめです。ケーキの焼き上がりを待つ時間には、古着や雑貨を見ながら過ごせるのもこの店の楽しみのひとつ。手頃な価格のものから少し高価なものまで幅広く揃い、洋服だけでなく、ヴィンテージの布を使ったオリジナルアクセサリーや、つけえりも並んでいます。

「〝この店があるからわざわざ岡本に来ました〟と言われるのがうれしい」と話す浅見さん。2階を利用したハンドメイドの展示やワークショップにも意欲的で、岡本の人気カフェとして定着しています。店内や地域で開催するイベント限定の「ベビーカステラ」は浅見さんの自信作。「ベビカスマニアに広げていきたいですね」。

Menu

黒糖シナモンラテ 680円

コーヒー	600円
淡路島ミルクのカフェラテ	600円
ロイヤルティーラテ	650円
クリームソーダ	700円

ノスタルジーを感じに
来てください

店主
浅見瞳さん

日本茶カフェ　一日　ひとひ

にほんちゃかふぇ ひとひ

sweets / bread / food / alcohol / take out / goods / wi-fi

左上：お茶漬けをどうぞ
左下：通年提供のかき氷は季節ごとに異なる（バラ）
上：ゆったりとしたカウンター席のあるくつろげる店内　**下：**抽出時間と温度にこだわった煎茶

Access

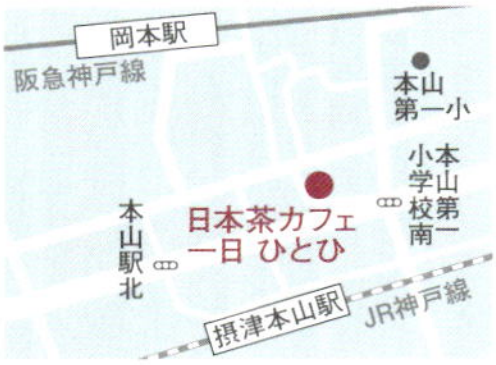

Information

神戸市東灘区本山北町 3-6-10 メープル岡本 2 階
078-453-3637
11：30 ～ 18：00
月曜休み
テーブル 9 席、カウンター 9 席
全席禁煙
http://hitohi.jp/

阪急岡本駅より南東へ、JR 摂津本山駅より北東へ各 5 分

ほうじ茶杏仁とお好きな日本茶で
ほっと一息

煎茶の奥深さに出会える日本茶カフェ

どこか懐かしさを感じる日本茶カフェ。店内は落ち着いた照明で、自然と気持ちがほぐれます。

カウンターに立つのは、２００５年に「日本茶カフェ一日 ひとひ」をオープンさせた店主の遠城さん。会社員からカフェの店主という転身を遂げた当初は、とにかくたくさんの日本茶を飲んだのだとか。自然とお茶のことがわかるようになっていったそうで、日本茶アドバイザーの資格も所有しています。茶釜で沸かしたお湯で、お店のスタッフが適温のお湯と抽出時間で丁寧に一杯のお茶を淹れます。苦い、旨い、香りの個性のある茶葉を10種類ほどラインナップ。三煎まで味わうことができ、一煎目の香り、二煎目の旨み、三煎目の渋みの変化を楽しめるのも煎茶の楽しみとのこと。

通年で提供するかき氷も人気。移りゆく季節ごとの素材を、味覚を通して楽しむことができます。

Menu

抹茶ぜんざい（お茶とセット）	1100円
お茶漬けをどうぞ	1100円
かき氷	1100円
煎茶・焙じ茶・玉露	590円～

ほうじ茶の香ばしさを感じられる
「ほうじ茶杏仁」1100円（お茶とセット）

変化する煎茶の味わいを
お楽しみください

店主
遠城《えんじょう》靖《おさむ》さん

朔コーヒー

さくコーヒー

sweets / bread / food / alcohol / take out / goods / wi-fi

北欧ヴィンテージの雰囲気で物語のなかの
空間を意識した店内

Access

Information

神戸市灘区宮山町 2-5-3
TEL なし
10：00 ～ 20：00（土日・祝日は～ 19：00）
月曜休み（祝日は営業）
テーブル 3 席、カウンター 4 席
全席禁煙
https://www.instagram.com/saku_coffee_rokko/

阪急六甲駅 2 番出入口より東へ 1 分、
JR 六甲道駅北口より北へ 11 分

左上：一つひとつ違う椅子もステキ　**左下：**テイスティングコーナー　**上：**ティグレ（左）450円、シュトーレンパウンド550円など月替わりのスイーツが人気
下：ほぼ毎日焙煎する

ステキな空間でスペシャルティコーヒーと手作りおやつを

サラリーマン時代、全国各地への出張でコーヒーのおいしいカフェをめぐるうち、その魅力にはまって、2022年に自分のお店を持つことになりました。アフリカ、アジア、中南米から、品種や作り方が珍しい豆を小ロッドで買い付けています。常時ブレンド2～3種類を含む7～8種類を用意し、シングルオリジンは月1回のペースで入れ替え。「素材に対して雑味などネガティブな要素が出ないように淹れています」と加戸さん。全種類を試飲できるのもうれしいサービスです。また、農園や原産国の人々の暮らしや日本との関係性なども調べ、カードやフリーペーパーにしてお客さんに渡しています。クオリティアップのために、今後も知識や技術を身に付けて腕を磨きたいそうです。

手作りおやつは、スタッフの萌乃さんが担当。特にシーズナルスイーツとして提供する月替わりのメニューが好評です。

Menu

カフェラテ 600円

ハンドドリップコーヒー	550円～
エスプレッソトニック（季節限定）	600円
アフォガード	650円
コーヒー豆（100g）～	1040円～

コーヒーのこと、何でも気軽に聞いてくださいね

店主
加戸翔太さん

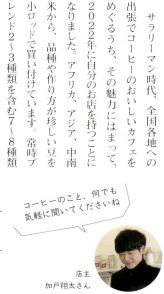

お八つとお茶 いろは

おやつとおちゃ いろは

sweets / bread / food / alcohol / take out / goods / wi-fi

左上：店内にたくさんある鹿のアート　**左下：**季節のタルト（柿とラムレーズン）
上：金継ぎされた味のある器に丁寧に淹れられたお茶
下：たっぷりの茶葉で三煎までおいしく味わえる

Access

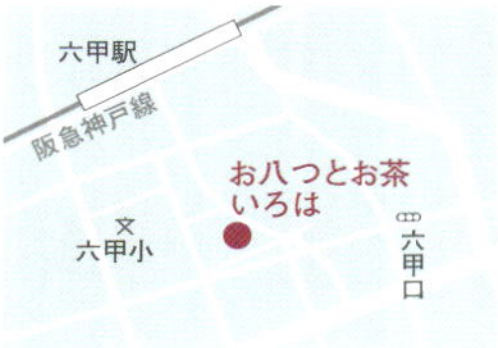

Information

神戸市灘区八幡町 4-2-25
TEL なし
12：00 ～ 18：30
金曜休み（臨時休業あり）
カウンター７席
全席禁煙
https://www.instagram.com/iroha_yuri/

阪急六甲駅より南へ５分

手作りケーキをお茶とセットで

お八つと日本茶でひとり時間を愉しむ

自身もカフェで過ごす一人の時間を大切にしているというオーナーの長坂さん。店内は静かでゆったりとした時間が流れ、忙しい日常の中でもちょっとしたひとり時間を慈しむお客さんに愛される、小さなかわいらしいお店です。

煎茶は季節によって異なる茶葉を選んで提供。外国産よりも渋味が少なくやさしい味わいの和紅茶もおすすめだそうです。「洋菓子にはコーヒーや紅茶を選ぶ方が多いですが、煎茶も合うということを知っていただきたい」と、手作りのケーキも提供。チーズケーキやタルトには季節ごとの食材を使い、四季折々の豊かな味覚を楽しむことができます。

オーナー自ら集めたお気に入りの器も楽しみのひとつ。気に入った器が欠けてしまっても、自身で金継ぎしながら大切に使っているそうで、味のある佇まいがお店の雰囲気にぴったりです。

Menu

すももソースのレアチーズ

煎茶	700円
和紅茶	650円
季節のチーズケーキ（set）	1050円～
季節のタルト（set）	1100円～

日常をリセットできる小さな
幸せ時間をお過ごしください

オーナー
長坂さん

月　珈

げっこう

sweets / bread / food / alcohol / take out / goods / wi-fi

古いオーディオやレジ、ガラスケースに並ぶカップなど、店内は純喫茶の雰囲気そのもの

Access

Information

神戸市灘区新在家南町 4-9-17
TEL なし
8：15 ～ 18：30（17：30LO）
休み なし
テーブル 18 席、カウンター 2 席
全席禁煙
https://www.instagram.com/diy_junkissa_gekko

阪神大石駅より南へ 10 分

左上：一段高い店内奥から入口に向かって　**左下**：オランダのストロープワッフルをのせたワッフルブレンド 680円　**上**：神戸チーズトースト 600円　**下**：懐かしさを感じるものが並ぶ

大石　月珈

古くて新しい「純喫茶」でまったりと

純喫茶にこだわり、「自分の頭の中にある純喫茶のぼんやりとした形を言葉にして伝えられない」と、事務所兼倉庫だった建物を自らの手で4年の月日をかけて作り上げたお店。子どもの頃からプラモデル作りが好きだったという店主の森さん、「自分で作ったプラモデルの中にいるみたい」と笑顔で話す姿から、この空間への深い思いが伝わってきます。

昔の教会のドアを使いたくて壁を作ったり、閉店した老舗喫茶店から家具や調度品を受け継いだり、店内の一つひとつに物語が隠れています。

コーヒーは炭火焙煎の味わい深いブレンドで、豆も販売。パンは神戸の一宮ベーカリーのものを使っています。おすすめはチーズと酒粕を使ったご当地トースト「神戸チーズトースト」で、近所にある沢の鶴の酒粕と黒糖のペースト＋メープルシロップの甘じょっぱい味がサクッとしたトーストにマッチしています。

Menu

ブレンドコーヒー	400円
アメリカンコーヒー	400円
クリームソーダ	600円
モーニングセット	500円〜

モーニングの一番人気「フォカッチャサンド」
コーヒーとセットで600円（11時まで）

実家のようにくつろいで
いただけたらうれしいです

店主
森さん

café de assiette

カフェドゥアシェット

sweets / bread / food / alcohol / take out / goods / wi-fi

左上：木目×ホワイトでナチュラルな空間　**左下：**子連れ客にも人気のソファー席　**上：**ボリュームがある「アシェットランチ」1320円　**下：**焼菓子やコンフィチュールはギフトにも最適

Access

Information

神戸市灘区日尾町 3-3-2-101
078-940-2201
11：00 ～ 19：00（18：30LO）
木曜、第 2 水曜休み
テーブル 16 席、カウンター 2 席
全席禁煙
https://cafe-de-assiette.com/

阪急六甲駅より南へ、JR 六甲道駅より北へ、各 5 分

和栗とほうじ茶のパルフェ〜カシスソース添えは
秋の人気メニュー。1400円〜

旬のフルーツの旨みを生かすスイーツが好評

パフェやデザートプレートなど、季節感を大切にするスイーツが人気のカフェ。季節の素材を使って冷たさ温かさをそのままに、できたてをいただく「お皿に盛り付けたデザート」として、数種類の「アシェット・デセール」を提供しています。春はイチゴ、夏はマンゴーや白桃、秋はブドウや栗など、四季折々のフルーツをたくさん使って、1〜2カ月ごとにメニューをチェンジ。栗のペーストには、和栗とフランス産の2種類を混ぜて甘みを抑え、栗本来の味を生かせるように工夫するなど、パティシエならではの技も店の強みです。

旬の野菜を使って丁寧に作る日替わりの「アシェットランチ」も人気。メイン、スープ、サラダ、惣菜3品が付き、十六穀米ごはんとパン、スコーンから選ぶことができます。特に焼きたてのスコーンは、平日6種類、休日は7〜8種類揃い、目当てのお客さんも多いそうです。

Menu

カフェラテ（H/I）590円

きな粉豆乳ラテ（H/I）	640円
スコーン（コンフィチュール・生クリーム付）	310円
ホットコーヒー	560円
エスプレッソ香る大人のティラミス	880円

おいしいケーキを用意していますのでお気軽にどうぞ

オーナーパティシエ
永井佑資《ゆうすけ》さん

六　珈

ろっこ

sweets / bread / food / alcohol / take out / goods / wi-fi

アンティークの椅子が雰囲気になじむ和みの空間

Access

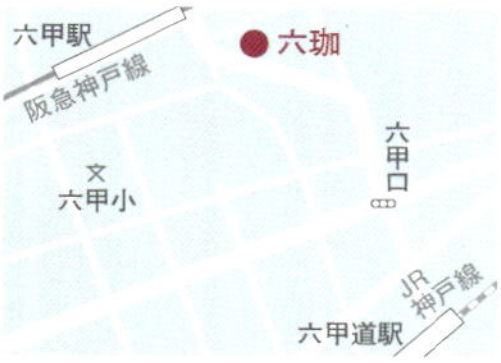

Information

神戸市灘区八幡町 2-10-5
078-851-8620
9：00 ～ 17：00
日曜休み、不定休
テーブル 6 席、カウンター 5 席
全席禁煙
https://www.instagram.com/6_coffee/

阪急六甲駅より南へ 3 分、JR 六甲道駅より北へ 10 分

左上：店名の文字も味があってステキ　**左下：**六珈ブレンド各550円～。おかわり100円OFF　**上：**ハムとチーズのホットサンドはパンの耳とミニフルーツ付　**下：**毎日4kg弱を焙煎する

コーヒーと一緒に静かな自分の時間を

六甲にあるコーヒー屋さんだから「六珈」。六甲を代表するコーヒー専門店として、評判のお店です。オリジナルの六珈ブレンドは、軽め、濃いめ、季節のブレンドと3種類あり、焙煎度合いと淹れ方で調整しています。

阪急六甲駅からすぐで、バス通りにも面しているのに、一歩店に足を踏み入れると街の喧騒を感じさせない居心地のよさがあります。「いい空間においしいコーヒー」のコンセプトそのままにゆっくり過ごすことができます。「日常のなかにある店でありたい」という店主の松山さんの思惑通り、読書をしたり、おしゃべりをしたり、思い思いに過ごす自分の時間を大切にしています。

コーヒーと一緒に楽しみたいのは奥さんが焼く自家製ケーキ。チーズケーキとガトーショコラの2種類があり、どちらも好評です。常時3～4種類の豆を販売していて、豆のみ買いに来るお客さんも多く訪れます。

Menu

チーズケーキ　550円

ストレート	600円
カフェオレ	600円
ホットサンド	750円
ガトーショコラ	550円

日常のすき間の時間にお立ち寄りください

店主
松山直広さん

甘味処 あかちゃ家

かんみどころ あかちゃや

sweets / bread / food / alcohol / take out / goods / wi-fi

左上：各地で買い集めた人形がずらり　**左下：**店内奥は畳敷きスペース　**上：**昭和レトロなアイテムが散りばめられたホッと和む空間　**下：**和素材で仕立てたパフェ。手前の浮島も自家製

Access

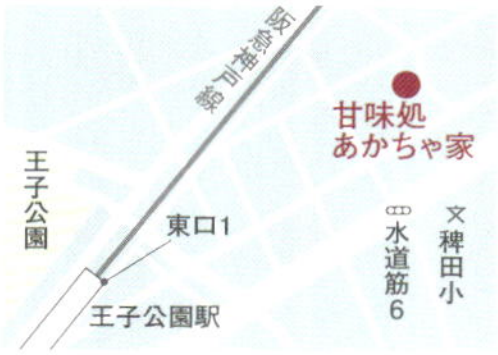

Information

神戸市灘区水道筋 5-3-23
078-805-2776
12：00 ～ 19：30　※ 7・8・9 月は～ 20：00
月曜、第 3 日曜休み（変更の場合あり）
テーブル 4 席、カウンター 6 席、座敷 12 席
全席禁煙
http://akachaya.jp/

阪急王子公園駅東口 1 より北東へ 5 分

人気メニューをお得に食べられる
あんみつ&わらびもちセット（アイス付）700円

懐かしさでいっぱい！　和の空間で甘味にひたる

東京で食べたあんみつのおいしさが忘れられず、洋菓子文化が根強い神戸であえて和カフェをオープンしたのが２００５年のこと。以来、地域の人を中心に20年以上にわたって愛されるお店となりました。あんみつなどに用いる自家製あんには北海道十勝産の大粒小豆を使用。塩を加えずあっさりとした後口に仕上げることで、合わせる素材のおいしさを損なわず、風味と香りを最大限に引き出します。あんのほか、わらびもちや寒天、黒みつなども自家製を貫くのが「あかちゃ家」流。特に天草から煮出して作る寒天は、しっかりとした弾力と磯の香りがほんのり漂い、忘れがたい余韻に。はちみつを加えた黒みつやミルキーなアイスともマッチし、ここにしかない味わいを届けます。

こけしや黒電話など、レトロな小物が飾られた店内にもほっこり。「ただいま」と言いたくなるお店です。

Menu

豆腐クリームパフェ 680円

あんみつ	630円
抹茶クリームあんみつ	700円
わらびもち	500円
ところてん	450円

どなたでもお気軽に
ご来店くださいませ

店主
村上公子さん

パーラーホープ洋装店

パーラーホープようそうてん

sweets / bread / food / alcohol / take out / goods / wi-fi

元町時代と同じく落ち着いた雰囲気。
古い本やレコードもインテリアのよう

Access

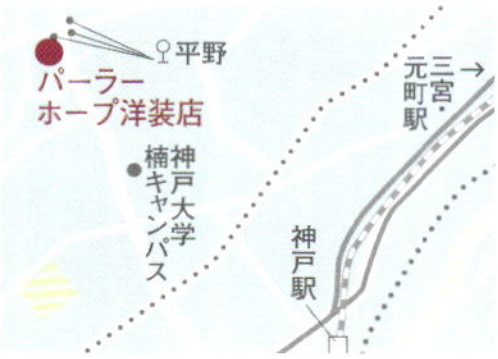

Information

神戸市兵庫区下三条町 8-14
078-771-6618
11：30 ～ 17：00（16：00LO）　※月曜は～ 15：00（14：00LO）
火曜休み、不定休（SNS で確認）
テーブル 20 席、カウンター 4 席
全席禁煙
https://www.instagram.com/hope_dress_shop/

三宮駅前・元町駅より市バス 7 系統、
神戸駅前より 112・110・7 系統で平野下車すぐ

左上：人気のカウンター席　**左下：**コーヒーによく合うバナナのベイクドチーズケーキ 450 円　**上：**手作りコロッケとミンチカツのセット 1150 円　**下：**小さなテーブル席も雰囲気◎

古い町並みに馴染む和みのレトロ喫茶店

元町の人気喫茶店が２０２０年に移転。新たな場所は古い歴史が残る兵庫区の平野で、昔ながらの町並にレトロな店構えが溶け込んでいます。ここでは年配のお客さんも多く、店名から「どんな服売ってるの？」とのぞいていく人もいるとか。学校帰りの小学生がドアを開けて挨拶をしていったりと、地元の人たちから愛される存在になっています。

バラエティー豊かな定食は元町時代から変わらず、ランチタイムにはメニューを絞って価格を抑え、スピーディーに提供できるようにしています。人気の定食は、手作りコロッケとミンチカツのセット。肉の旨みがぎゅっと詰まったミンチカツとまろやかなジャガイモのコロッケがホッとする味です。ほかにもサンドイッチやトースト、デザートなども各種。毎週訪れる常連さんもいて家族のような距離感が心地よく、古き良き喫茶店の雰囲気に心が和みます。

Menu

ホープブレンド（レギュラー）	400 円
今月の珈琲	400 円〜
ハムエッグ定食	830 円
塚田バタートースト	400 円

神戸の老舗「エキストラコーヒー」の豆を５種類ブレンド

昔の首都「福原京」だった平野をお楽しみください

店主
大山ゲンさん

北の椅子と

きたのいすと

sweets / bread / food / alcohol / take out / goods / wi-fi

座ってみたい椅子がたくさん。
キッズスペースやキッズメニューもある

Access

Information

神戸市兵庫区材木町 1-3
078-203-4251
11：00 ～ 17：00（日曜・祝日～ 18：00、16：00LO）
水・土曜休み、臨時休業あり
テーブル 40 席、カウンター 4 席
全席禁煙
https://kitanoisu-to.com/

地下鉄海岸線和田岬駅または御崎公園駅より 8 分、
JR 兵庫駅より南へ 15 分

左上：北欧ヴィンテージのステキな椅子　**左下：**定番人気のベイクドチーズケーキ 660円　**上：**取材時のランチメニューは秋野菜のポトフ。1500円　**下：**本が並ぶカウンター席も人気

椅子を選ぶ楽しみとおいしいひととき

北欧ヴィンテージの家具や雑貨の買い付け・販売をするショップ&カフェ。倉庫のような店内に入り、積み上げられた椅子や家具とぶら下がる照明を眺めながら奥へ進むと、2階のカフェへと続く階段があります。「椅子ひとつ加えるだけで雰囲気が変わる」のコンセプトそのままに、製材所だったレトロな雰囲気の空間に個性的で座り心地のよい北欧ヴィンテージの椅子がたくさん。どの席に座っても、ゆったりとした時間を過ごすことができます。

野菜などを近隣の小規模農家から仕入れ、顔の見える安心感を大切にしています。毎週土曜に開催される神戸ファーマーズマーケットに出店している農家や生産者とのつながりを深め、お店のメニューを通して紹介するという役割も。新鮮な野菜をたっぷり使ったランチメニューは2週間から1カ月で変わるので、何が登場するのかも楽しみです。

Menu

北の椅子とオリジナルブレンド 495円

紅茶	495円
ジンジャーチャイ	660円
本日のサンド	825円
ミートパイ	825円

好みの椅子をみつけに
いらしてください

店主
服部真貴さん

海と山に囲まれた小さな町、塩屋。歴史ある洋館が残り、小さな商店が点在する塩屋は、古き良き時代だった昭和の風情があります。坂道、階段、細い路地が多く、ワクワクするような散歩を楽しめます。

海角

垂水区塩屋町 3-8-2
TEL・営業時間・定休日は店舗により異なる
https://www.instagram.com/umikado_shioya/

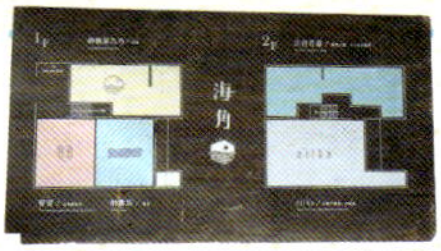

塩屋駅前商店街の一角にあった木造民家をリノベーションして 2023 年 11 月に開業した文化複合施設。発起人は「Ryu Cafe」オーナーの藤井さん。書店、飲食店、ギャラリー、作家のアトリエなど多彩な店舗が魅力です。読書会やワークショップなどのイベントも開催されています。

塩屋唯一の書店「舫（もやい）書店」では新刊も古本も扱う

石鹸と香りと日用品のお店「siika」

普段使いのうつわの工房兼店舗「三日月屋」

「御飯屋 㐂乃（きの）」の「㐂乃御膳」は旬の食材を多用して彩り豊か（前日までの予約制）

台湾現代作家の作品を取り扱うセレクトショップ「習習」

2024 年夏に角打ち営業をスタート

heso.

垂水区塩屋町 4-10-11
TEL・営業時間・定休日は店舗により異なる
https://www.instagram.com/sioyanoheso/

管理人のなべちゃんこと渡邉彬之さん

築 60 年の文化住宅・酒店をリノベーションした複合施設。レンタルスペース、日本酒の角打ち「貴伝名（きでな）酒店」、兵庫県産の調味料や野菜などを扱う量り売りのお店「思ん量り」、「こども編集部」、「シオヤマウンテンクラブ」が入居しています。

「思ん量り」で扱う商品はオーナーの青木美穂さんが厳選

壁面には塩屋のマップが描かれ、地域のコミュニティの場としても機能する

塩屋

まちめぐり＆カフェめぐり

旧グッゲンハイム邸
垂水区塩屋町 3-5-7
078-220-3924
無料の見学会　第 3 木曜日
12：00 ～ 17：00　無料（予約不要）

mawari

マワリ

sweets / bread / food / alcohol / take out / goods / wi-fi

左上：ベイクドチーズケーキ 600円、白ワイン 800円　**左下：**スイーツに使う「Awabi ware」のプレートを販売　**上：**手作りのテーブルや椅子もステキな空間
下：タルトタタン 600円

Access

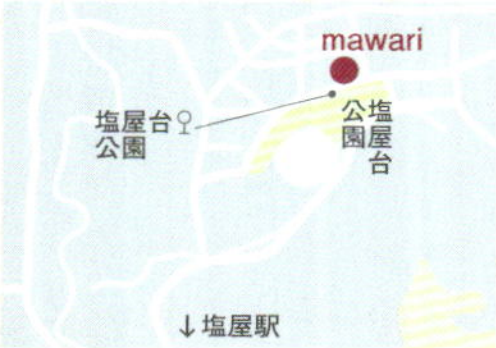

Information

神戸市垂水区塩屋台 1-13-1 2階
TEL なし
12：00 ～ 18：00（17：30LO）
土・日曜のみ営業　※不定期で開店する場合あり
テーブル 4席、カウンター 4席
全席禁煙
https://www.instagram.com/mawari09/

JR・山陽電鉄塩屋駅より北へ 20分
塩屋駅より塩屋コミュニティバスで塩屋台公園下車すぐ

冬いちごのロールケーキ 550円、
コーヒー 550円（セットで50円OFF）

毎月出合えるステキな新作が楽しみ

元町の人気カフェ「YIDAKI CAFE」で修業し、淡路島の「ノマド村」や「Awabi ware」の一角でカフェを営んでいた田中優さんが、2024年11月に神戸・塩屋でオープンしたお店。身近な材料で二十四節気という季節のまわりも考えながらお菓子を作り、人の縁が回るようにと店名にも想いを込めました。

看板メニューのロールケーキは、ふわふわできめ細やかな生地。口当たりのよさも魅力です。毎月クリームやフルーツ、生地に混ぜ込む具材などを替えながらオリジナルの一品を提供。また、ワインに合うケーキをテーマに、シーズンごとに変わるメニューも楽しみ。いつでも新作に出合えるのがうれしいところです。

今までに紡いだご縁を大切にし、コーヒーやハーブティ、一部の器も塩屋で加工されたものを使っています。今後は、モーニングや夜カフェを不定期で実施する予定です。

Menu

mawari ブレンドハーブティ　600円

カフェオレ	600円
桃源美茶（和紅茶）	650円
スパイスチャイ	600円
みかんじゅーす	600円

自分の時間を楽しみに
来てくださいね

店主
田中優さん

Ryu Cafe

リュウカフェ

sweets / bread / food / alcohol / take out / goods / wi-fi

趣のあるテーブル席やソファー席など、
席数も多い２階スペース

Access

Information

神戸市垂水区塩屋町 3-8-4
TEL なし
11：00 ～ 17：00、※ランチ 11：00 ～、13：00 ～（完全予約制）、
カフェタイム 14：00 ～
日・月曜休み、不定休
テーブル 22 席　全席禁煙
https://www.instagram.com/ryucafe_kobe/

JR・山陽電鉄塩屋駅より北へ１分

左上：月替わりのランチ2500円　**左下：**元浴室もおしゃれなテーブル席に　**上：**季節ごとに変わる「台湾茶セット」1200円～　**下：**豆乳を使ったスイーツ「豆花（トウファ）」700円

台湾スタイルを楽しむ一軒家の古民家カフェ

築100年を超える古民家をリノベーションしたお店。「台湾茶と台湾料理をメインにしたランチを楽しむ」をコンセプトに、元ホテルの料理人として和洋中のメニューを手がけてきた藤井さんが2021年にオープンしました。店内には、塩屋にあった洋館・旧ジョネス邸から譲り受けたチェストや建具があり、昭和の良き時代の風情と程よくなじんでいます。

おすすめは台湾から仕入れるお茶で、「一煎目と五煎目では香りがまったく違うので、そこも楽しんで」と藤井さん。セッティングも現地のスタイルです。二部制で完全予約のランチは、メインが牛肉麺やルーロー飯など月替わり。旬の野菜を使った副菜とドリンク、デザートが付きます。毎月15日にウェブで翌月分の予約を始めますが、すぐにいっぱいになるそう。「自分たちのオリジナリティを大切にしながら塩屋のよさを引き継ぎたい」と意欲的です。

Menu

今天的台湾茶（本日の台湾茶）	500円
鐵観音茶拿鐵（烏龍ラテ）	600円
招牌水果茶（台湾クラシックフルーツ）	650円
鳳梨酥（パイナップルケーキ）	350円

杏仁酥（アーモンドクッキー）200円など

台湾茶を楽しんでいただきたいですね

店主
藤井俊輔さん

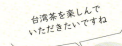

TRUNK DESIGN KOBE SHIOYA

トランクデザイン コウベシオヤ

sweets / bread / food / alcohol / take out / goods / wi-fi

左上：TRUNK DESIGN オリジナルの丹波焼の器　**左下：**兵庫県と日本各地のローカルクラフト商品　**上：**塩屋の風景を一望　**下：**淡路島のお香を使いやすくデザインした「Daily」シリーズ

Access

Information

神戸市垂水区塩屋町 3-14-25　2 階
078-797-4940
11：00 ～ 18：00
土日・祝日のみ営業
テーブル 8 席、カウンター 4 席
https://trunkdesign-web.com/

JR・山陽電鉄塩屋駅より北へ 5 分

住吉・CASSALADE のスクエアチーズケーキ 636 円。
くるみをたっぷりトッピングした濃厚なチーズケーキ

地元の食材や器で作り手から使い手へつなぐ

２００８年、垂水のデザイン事務所＆ストアからスタート。兵庫県太子町の「神戸マッチ株式会社」との出会いがきっかけで、地場産業や伝統工芸のものづくりを伝える活動が始まりました。それぞれの作り手と使い手をつなぎ、兵庫から始めた産地と暮らしの距離を近づける活動は、現在は日本各地へと広がっています。

地域のものづくりを伝える中で、地元の農家さんや漁師さんなどとの繋がりも増えていき、暮らしの中でものづくりや食について伝える場を作りたいと、２０１６年にカフェ＆ストアをオープン。メニューに使う野菜や魚、コーヒーや和紅茶は神戸市内や兵庫県内からで、丹波焼の窯元とともに作ったオリジナルの器などに盛り付けています。ストアには丹波焼の器や淡路島のお香などのほか、日常で使える各地の身近な工芸品などが並び、それぞれの文化やものづくりを知る場になっています。

Menu

オリジナルブレンドコーヒー
STRONG BLEND 550 円

アイスコーヒー	550 円
台湾茶	660 円
ロックチーズケーキ	536 円
和紅茶（神崎郡神河町の「仙霊茶」）	550 円

産地の歴史や文化から生まれた工芸をお楽しみください

代表
堀内康広さん

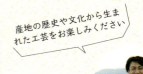

シオヤチョコレート

sweets / bread / food / alcohol / take out / goods / wi-fi

左上：試食用のチョコレートがあるので、じっくり選べる　**左下：**ハンモックもある店内　**上：**木を多用してナチュラルな雰囲気　**下：**人気作家「shiiboshiibo」の歯のアクセサリーを販売

Access

Information

神戸市垂水区塩屋町 4-10-14
078-797-5209
12：00 ～ 18：00　※ '25 年 4 月から 11：00 ～ 17：00
火曜休み、不定休
テーブル 14 席
全席禁煙
https://www.instagram.com/sioyachocolate/

JR・山陽電鉄塩屋駅より北へ 14 分　P1 台

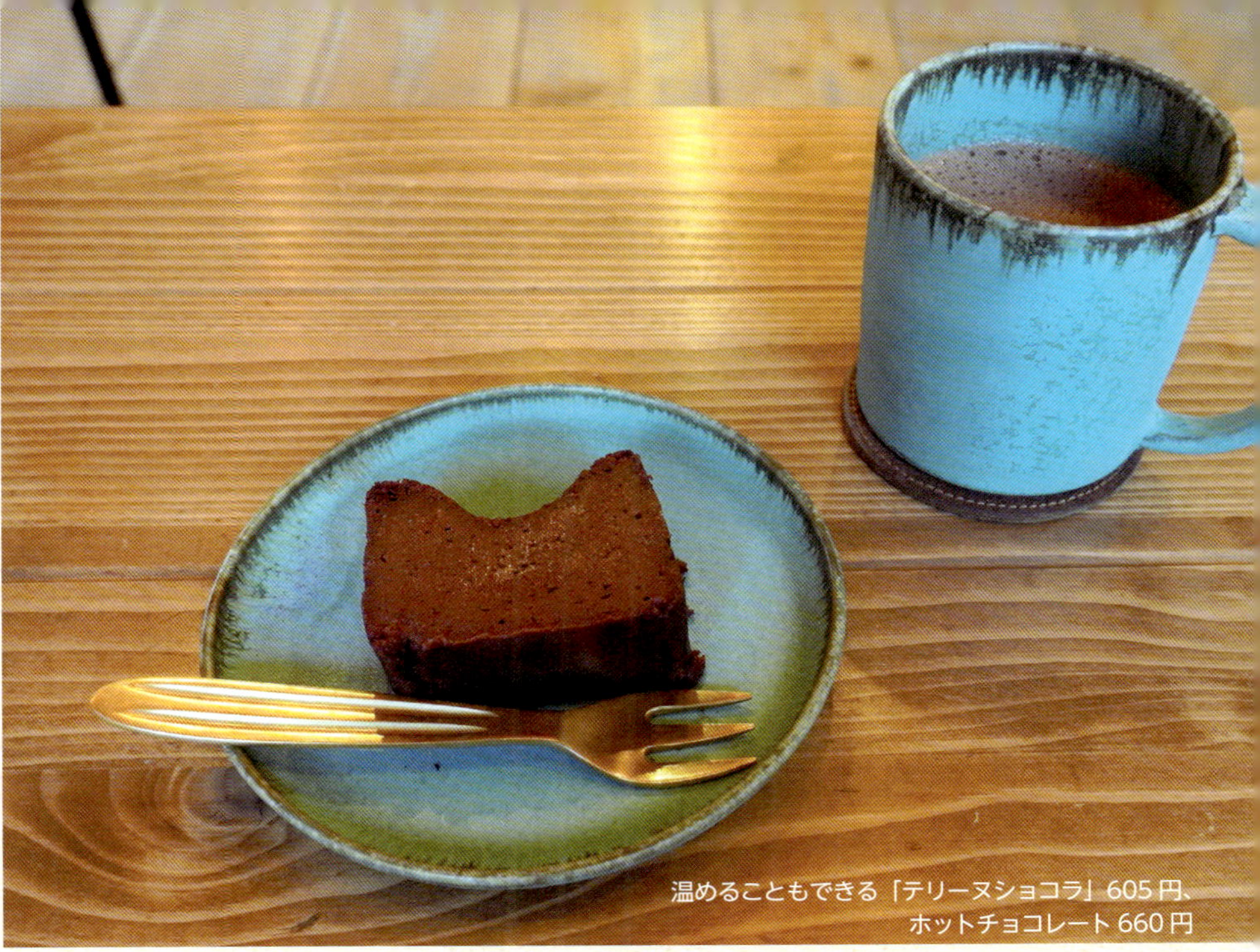

温めることもできる「テリーヌショコラ」605円、
ホットチョコレート 660円

味とご縁を全国に広げたいチョコレート専門店

チョコレートに特化した店が少なかった2019年にオープンした専門店。エクアドル、タンザニア、ベトナムなどさまざまな国の農園からカカオ豆を仕入れ、手作りしています。店内には、開店当初からある定番商品「ガーナ」「ガーナザクザク」を含み常時4～6種類が並びます。味に特長があるので、豆の違いがよく分かります。チョコレート感の強い「テリーヌショコラ」や「チョコクレープ」は人気のスイーツ。愛好家にはたまらない濃厚さが魅力です。

人とのつながりやコミュニケーションを大切にするのが信条の福岡さん。ドライフラワーや絵画など、店内にはご縁があった人の商品や作品が飾られています。そんな福岡さんが作るチョコレートは、徐々に認知度が上がり、全国の百貨店の催事にも引っ張りだこ。「シオヤチョコレート」とともに、塩屋の町もフューチャーされるようPRしています。

Menu

アイスショコラ　715円

チョコクレープ 660円	660円
ほうじ茶ラテ 660円	660円
自家製コーラ（H/I）	550円 /605円
チョコレート（29g）	700円～

レトロな塩屋の町を
堪能してください

オーナー
福岡知宏さん

MAP

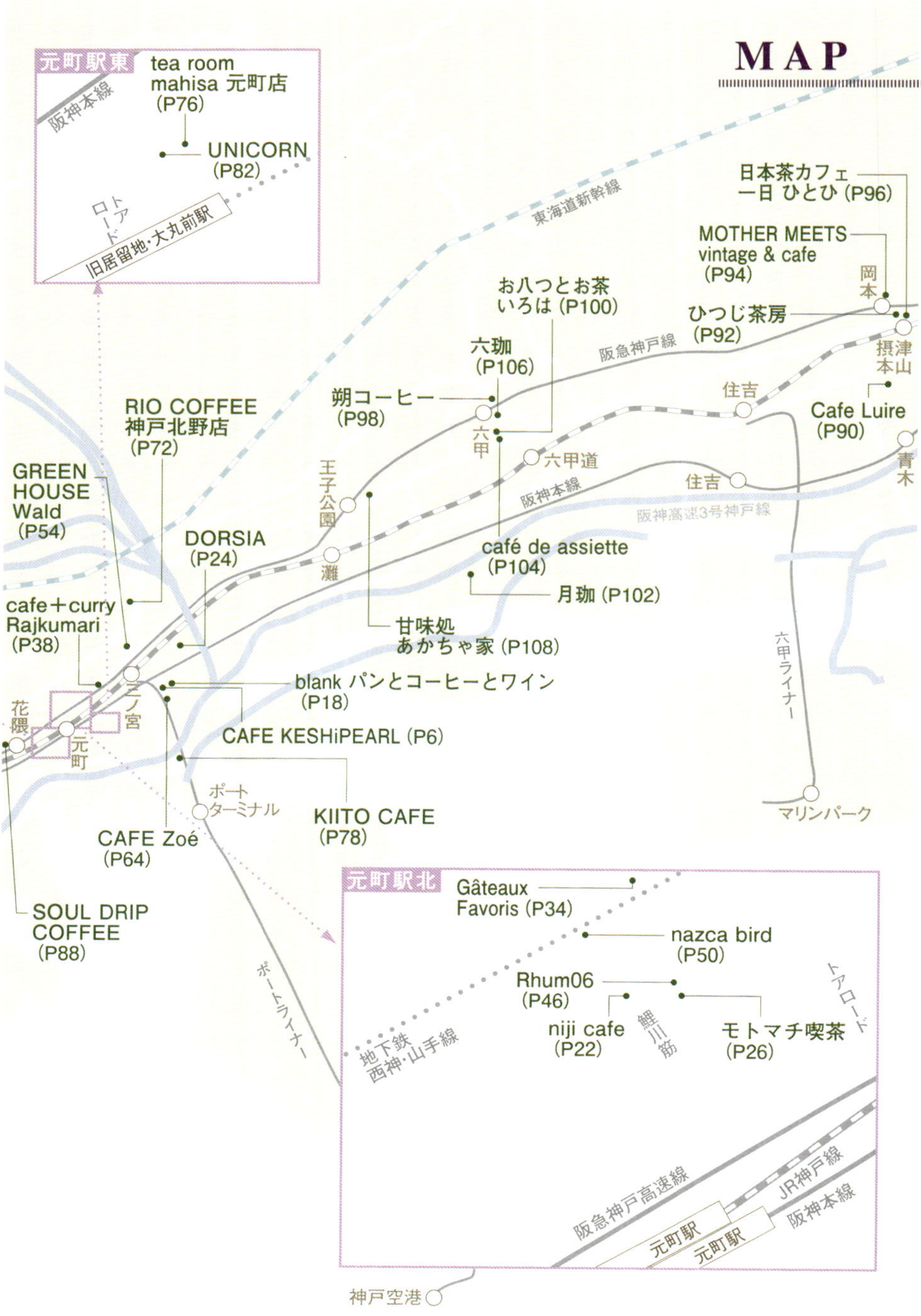

元町駅東
tea room
mahisa 元町店
(P76)
UNICORN
(P82)
阪神本線
トアロード
旧居留地・大丸前駅
東海道新幹線
日本茶カフェ
一日 ひとひ (P96)
MOTHER MEETS
vintage & cafe
(P94)
岡本
ひつじ茶房
(P92)
摂津本山
お八つとお茶
いろは (P100)
六珈
(P106)
阪急神戸線
住吉
Cafe Luire
(P90)
青木
朔コーヒー
(P98)
六甲
六甲道
住吉
RIO COFFEE
神戸北野店
(P72)
GREEN
HOUSE
Wald
(P54)
王子公園
阪神本線
阪神高速3号神戸線
DORSIA
(P24)
灘
café de assiette
(P104)
月珈 (P102)
cafe＋curry
Rajkumari
(P38)
甘味処
あかちゃ家 (P108)
六甲ライナー
blank パンとコーヒーとワイン
(P18)
三ノ宮
花隈
元町
CAFE KESHiPEARL (P6)
ポートターミナル
KIITO CAFE
(P78)
マリンパーク
CAFE Zoé
(P64)
SOUL DRIP
COFFEE
(P88)
ポートライナー
元町駅北
Gâteaux
Favoris (P34)
nazca bird
(P50)
Rhum06
(P46)
niji cafe
(P22)
鯉川筋
モトマチ喫茶
(P26)
トアロード
地下鉄
西神・山手線
阪急神戸高速線
JR神戸線
阪神本線
元町駅
元町駅
神戸空港

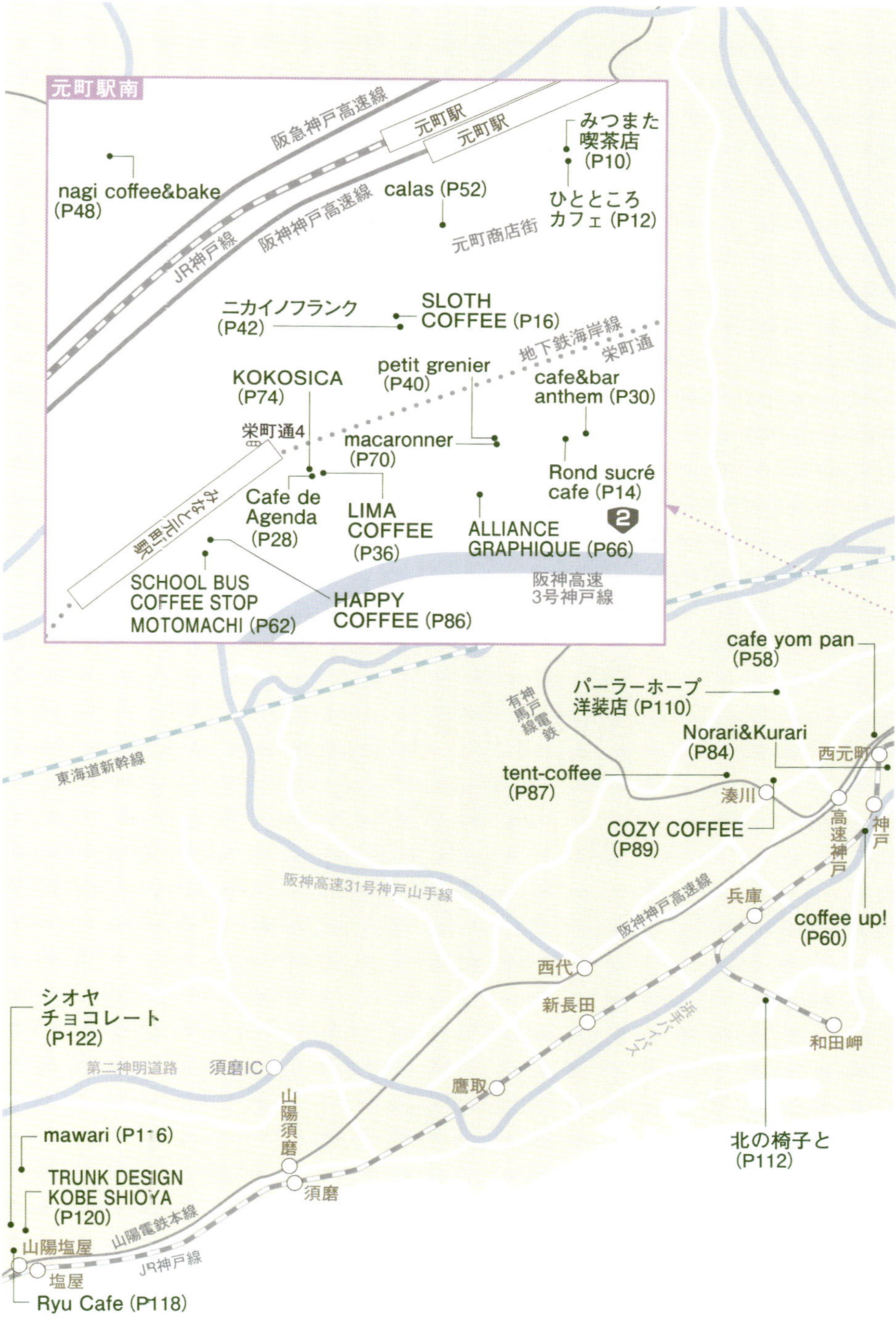
元町駅南
阪急神戸高速線
元町駅
元町駅
みつまた
喫茶店
(P10)
nagi coffee&bake
(P48)
calas (P52)
ひとところ
カフェ (P12)
阪神神戸高速線
元町商店街
JR神戸線
ニカイノフランク
(P42)
SLOTH
COFFEE (P16)
地下鉄海岸線
栄町通
KOKOSICA
(P74)
petit grenier
(P40)
cafe&bar
anthem (P30)
栄町通4
macaronner
(P70)
Rond sucré
cafe (P14)
みなと元町駅
Cafe de
Agenda
(P28)
LIMA
COFFEE
(P36)
ALLIANCE
GRAPHIQUE (P66)
2
SCHOOL BUS
COFFEE STOP
MOTOMACHI (P62)
HAPPY
COFFEE (P86)
阪神高速
3号神戸線
cafe yom pan
(P58)
パーラーホープ
洋装店 (P110)
神戸電鉄有馬線
Norari&Kurari
(P84)
西元町
東海道新幹線
tent-coffee
(P87)
湊川
COZY COFFEE
(P89)
高速神戸
神戸
阪神高速31号神戸山手線
阪神神戸高速線
兵庫
coffee up!
(P60)
西代
シオヤ
チョコレート
(P122)
新長田
浜手バイパス
和田岬
第二神明道路
須磨IC
鷹取
山陽須磨
北の椅子と
(P112)
mawari (P116)
TRUNK DESIGN
KOBE SHIOYA
(P120)
須磨
山陽電鉄本線
山陽塩屋
JR神戸線
塩屋
Ryu Cafe (P118)

INDEX

あ

か

さ

た

取材・執筆
磯本歌見
木村桂子
東郷カオル
中田優里奈
松田きこ
安田良子

デザイン・DTP
益田美穂子（open! sesame）

地図
松田三樹子

編集
OFFICE あんぐる

取材にご協力いただきました各店のみなさまに
お礼を申し上げます。

神戸　カフェ時間
こだわりのお店案内

2025 年　3 月 10 日　第 1 版・第 1 刷発行

著　者　あんぐる
発行者　株式会社メイツユニバーサルコンテンツ
　　　　代表者　大羽 孝志
　　　　〒102-0093 東京都千代田区平河町一丁目1-8
印　刷　株式会社厚徳社

◎「メイツ出版」は当社の商標です。

 ISBN978-4-7804-2998-5　C2026 Printed in Japan.

ご意見・ご感想はホームページから承っております。
ウェブサイト　https://www.mates-publishing.co.jp/

企画担当：清岡香奈